红色记忆® 32

广阳伏击战

海南省文化交流促进会　编

南海出版公司
2014·海口

图书在版编目（CIP）数据

红色记忆·第1辑·32 / 海南省文化交流促进会编.
—海口：南海出版公司，2014.3（2025.1重印）
ISBN 978-7-5442-7085-4

Ⅰ.①红… Ⅱ.①海… Ⅲ.①革命传统教育—中国—青年读物②革命传统教育—中国—少年读物 Ⅳ.① D642-49

中国版本图书馆CIP数据核字（2014）第045514号

HONGSE JIYI · DI 1 JI · 32
红色记忆·第1辑·32

作　　者　海南省文化交流促进会
总 策 划　刘　栋
顾　　问　贾延岩
执行总编　任在齐　张　桐　张爱国
责任编辑　聂　敏
封面设计　郑广明
排版印务　吴　雪
发行总监　杨成春
出版发行　南海出版公司　电话：（0898）66568508　66568511
社　　址　海南省海口市海秀中路51号星华大厦五楼　邮编：570206
电子信箱　nhpublishing@163.com
经　　销　新华书店
印　　刷　天津睿意佳彩印刷有限公司
开　　本　787毫米×1092毫米　1/16
印　　张　6.25
字　　数　100千字
版　　次　2014年3月第1版　2025年1月第2次印刷
书　　号　ISBN 978-7-5442-7085-4
定　　价　39.80元

序

对历史无知的人，没有真正的信仰可言；没有信仰的人，不可能拥有美好的理想，不可能胸怀崇高的情感，也就不可能担负起任何责任。用欲望文化代替历史教育，足以使一个国家的青年被腐蚀、使一个民族的希望被毁掉，使这个国家和民族被永世万代地奴役！

鉴于此，我们呼唤历史，唤回那段属于二十世纪的“红色”历史，唤回那段炮火硝烟、颠沛流离的历史，唤回那冲天的狼烟留下的悲壮回忆、岁月年轮沉淀的斑驳痕迹。历史不应该被忽略，更不应该被遗忘，牢记那段革命战争年代的红色历史更是责任。为了那些不应该被忘却的记忆，为了那些不应该被丢弃的信念，于是就有了这套《红色记忆》丛书。

曾记否，当草鞋与意志丈量出来的两万五千里穿越一个伟大民族五千年的荣辱兴衰，革命的火种被一路播撒、一路点燃。人迹罕至的雪山、荒无人烟的草地被鲜血浸透，衬映出一段光辉的里程；万水千山早已被远远地抛在身后，一轮红日在黄土高原磅礴而起。满目疮痍的河山在1936年10月温暖如春……

曾记否，当生命和鲜血浸染的十几年光阴将一种记忆铭刻进一个伟大民族的历史画卷，革命的火焰从星火到燎原。这栏杆拍遍、易水悲歌般的呼号，这折戟沉沙、慷慨赴义的悲壮，这铁马冰河、枕戈待旦的苦战，这红旗漫卷、所向披靡的豪迈……腔腔热血、铮铮铁骨早已被熔铸成一座不朽的丰碑，中华民族从苦难中百死后生的壮丽诗史凝结成了五星闪耀的红色记忆。

曾记否，中华人民共和国成立以来，又有无数英烈接过前辈用鲜血染红的旗帜，或壮怀激烈戍边卫国，或忠于职守鞠躬尽瘁，或绝甘分少奉献大爱，甘做国家强盛、人民富裕的铺路石，成为和平年代民族复兴的荣光，把人民心中的红色记忆浸染得分外鲜艳，永不褪色。

这红色记忆，是信念不衰、志向不改的崇高气节；这红色记忆，是无私无我、生属苍生的博大胸怀；这红色记忆，是敢为人先、披荆斩棘的拓荒精神；这红色记忆，是中华民族最宝贵的精神财富。它告诫我们，人事有代谢，传承无绝期。缅怀先烈精神，继承先烈遗志，是社会的道德和民族的良心，是后来者须臾不可忘怀的本分。

老一代人把历史的真实交付给我们，我们有责任用真实还原历史，传承给下一代，把那段岁月与现在年轻人的生活连接到一起，使他们眼中的历史变得立体、真实、可靠，让历史成为他们前进的动力。本丛书将那些流动的、随时会飘散在时间天际的事件凝固下来，希望透过这些文字、图片，感受到英雄们那坚定的革命信念，感受到那个年代澎湃的革命激情，真切体会那段“红色历史”。

忘记历史，就意味着背叛。让我们重温历史，缅怀先烈，从中汲取力量，毅然前行。

刘栋

目录

CONTENT

目录

CONTENT

将车何处不战场

文/李　茵

陈　赓

陈赓（1903—1961年），原名陈庶康，湖南湘乡人。陈赓1916年入湘军当兵，1921年脱离湘军。1922年加入中国共产党。1926年秋，被派到苏联学习，1927年初回国。参加了长征。1945年6月当选为中共第七届中央候补委员。1949年任人民解放军第四兵团司令员兼政委，率部横渡长江，解放南昌。1951年参加抗美援朝，任中国人民志愿军副司令员兼第三兵团司令员、政委。1955年被授予大将军衔。

1936 年陈赓在延安（斯诺摄）

陈赓大将是开国将帅中一位极富传奇色彩的名将。他在黄埔军校时是“黄埔三杰”之一，国民党黄埔系将领也对他敬重三分；他救过蒋介石一命，蒋介石却想要他的命。他在上海中共中央特种情报科深入虎穴，南昌起义、反“围剿”、长征、抗日战争、解放战争、抗美援朝中常出奇兵制敌，创办哈军工、协力创建“两弹”为国防现代化殚精竭虑，功勋累累而不自居。他对事业的忠贞、出众的才能、透明的人格、豪爽的个性，深受上下称道。毕生虽仅五十八年，丰富的人生一部厚厚的《陈赓传》也只能叙其概要。

“中国最好的一个旅”

1937 年 8 月，红军改编为八路军，陈赓任一二九师三八六旅旅长。抗日战争中，三八六旅在陈赓率领下，成长为一支屡屡重创日军的八路军主力。

10 月 7 日，三八六旅渡过黄河进入山西。陈赓接到命令后赶到太原八路军办事处。周恩来告诉他：“娘子关告急，你率三八六旅依托太行山，配合正面防御的国民党军队，侧击自娘子关西进之敌。”三八六旅在半个月内进行了大小战斗二十六次。

陈赓初战日军，是 10 月 21 日夜袭长生口、蔡家岭之敌。日军大震，暂停正面进攻，整顿后方及运输线，解除了娘子关重要阵地旧关的国民党部队之危。

陈赓根据情报判断，敌人正面进展不顺，因而企图从测鱼镇经七亘村等地，迂回进攻国民党军队阵地的侧后。陈赓在察看地形后，料定敌人必经七亘村，10 月 26 日和 28 日指挥七七二团两次在此伏击敌人，打乱了日军作战部署，使娘子关附近被包围的数千国民党军脱险。七七二团缴获了大批战利品，大部分战士换上了日本装备，扛起了三八式步枪，还缴获了向国民党当局要不到的比例尺为 1:50000 的军用地图。国民党第二战区副司令长官卫立煌对七亘村连续伏击赞叹不已，称之为奇迹，认为这是“兵家所忌”的一次大胆巧妙用兵。他多次对人说：“还是八路军的机动灵活战术好。”

美国大使馆参赞卡尔逊于 1938 年 1 月来到三八六旅，对八路军进行访问，陈赓同他进行了长谈。卡尔逊赞扬三八六旅卓越的战略战术及善于联系群众“是世界上所仅见”，“三八六旅是中国最好的一个旅”。

不久，一二九师师长刘伯承等来到三八六旅，商讨在日军重要运输线邯长公路的作战计划。日军在沿线城镇都派有重兵把守，只有公路中段跨越太行山脉，给八路军留下了作战的空隙。刘伯承命令三八五旅第七六九团佯攻黎城县城，引诱潞城县敌军来援，三八六旅在中途设伏，给以歼灭

性打击。

潞城的日军兵力已经增加到三千多人。陈赓望着墙上挂着的军用地图说：“我们的兵力少，馒头太大，要没个好地方打仗，是吃不掉它的。”大家围在地图前议论纷纷，不约而同地指着神头岭。从地图上看，那里有一条深沟，公路从沟底通过，整个邯长公路线上再没有比这更理想的伏击地点了。陈赓思忖了一下问：“神头岭的地形谁去看过？”会场沉默。陈赓笑了：“这不是纸上谈兵吗？咱们先去看看地形吧。”

大家到实地一看，吃了一惊：公路不是在山沟里，而是在神头岭山梁上，路两边光秃秃的，没有林木、岩石等隐蔽物，只有一些破旧工事。陈赓却挥手笑呵呵地说：“走，回去讨论！地形是死的，人是活的。想吃肉还怕找不到杀猪的地方？”

神头岭当然不能打了，大家七嘴八舌得不出个结论。陈赓指着地图说：“我看，这一仗还是在神头岭打好。”大家都瞪眼望着陈赓。陈赓说：“不要一说伏击就想到深沟陡崖，天底下哪有那么多深沟陡崖？”他分析，一般来讲，在那里打伏击的确不太理想，因而敌人必然麻痹，能出其不意；那些眼皮底下的旧工事，敌人早已司空见惯，如果部队隐蔽在那里，切实伪装好，是很难发觉的；山梁狭窄，兵力确实不易展开，但敌人更难展开。陈赓把手杖往两张桌子上一架，问：“在独木桥上打架，对谁有利呢？”

“谁先下手谁占便宜。”

“对呀！只要我们做到突然、勇猛，这不利的条件，就只对敌人不利而对我们有利了。”陈赓又叫七七二团抽出一个连，绕到潞城背后去打敌人。

3月15日夜晚，部队进入伏击阵地。陈赓到各团督促大家搞好伪装。直至凌晨，黎城方面“钓鱼”袭击的枪炮声隐隐传来，陈赓才拄着手杖，拖着负过重伤的双腿一瘸一拐离开阵地。

驻潞城日军第十六师团下元兵团粕谷部队的精锐和第一〇八师团屉尾部队派出步兵、骑兵一千五百余人及骡马一千余匹和部分车辆，前往增援黎城连带运送给养。正是陈赓派出去的那个连，在潞城背后噼噼啪啪一打，敌人害怕八路军乘虚攻城，只出来了一半。

日军队伍两头是步兵、骑兵，中间是大车队，拉得有几里长。先头部队到达神头村后，突然停下来，出来三十多个骑马的搜索队队员，沿着一条小路朝八路军阵地走来。眼看马蹄就要踩到头上了，大家的心都快跳到嗓子眼。正如陈赓所料，敌人只注意了沟对面的申家山。日军觉得自己这样大的兵力，八路军根本不敢惹，见申家山没有动静，便大摇大摆地爬上神头岭。

待日军后卫部队也钻进了伏击圈时，陈赓一声令下，霎时间，平静的山梁变成一片火海，成百上千颗手榴弹蓦地在敌人的头上和脚下齐声爆炸。横飞的弹片，闪闪的火光，连同硝烟与尘土，一下子把长长的日军队伍和公路都吞没了。“冲呀！杀呀！”战士们大喊着从工事里、草丛中飞奔出来，冲进敌群，用刺刀、大刀、长矛等奋勇拼杀。在这个“独木桥”上短兵相接的战斗中，红缨枪显出了它特有的威力，到处可见枪尖白光闪烁，枪头红缨飞舞。

日本兵全被打蒙了，不知道哪里来的这么多八路军，许多人还没弄清方向就被打伤打死，剩下的企图组织抵抗，但在这狭窄的地形上，根本排不成战斗队形。

枪声停息，公路上全是日军尸体。陈赓拿起缴获的照相机，说:“我们可以拍些照片，给报纸、杂志发表，让全中国、全世界知道，这就是日本帝国主义侵略中国的下场！”

战斗在下午4时结束。整个神头岭伏击战（含第七六九团对黎城的袭击战），共毙伤敌人一千五百多人，俘虏十余人，俘获骡马六百余匹及其他军用物品。黄昏，三八六旅撤离神头岭，敌人并未发觉。第二天潞城敌人前来增援，先是飞机炸，继而大炮轰，把神头岭上炸得一塌糊涂。

很久以后，陈赓提起这次战斗，还非常高兴地说:“那次部队的确隐蔽得很好，事先连老百姓都没有发觉。”

三八六旅越战越勇。4月15日，在粉碎日军三万五千多人的“九路围攻”中，陈赓奉命沿浊漳河两岸平行追击敌一个联队时，在长乐村白草仙附近，不待后续部队赶到，即不失时机地命令七七二团、七七一团相应突击，将敌人截为两段，日军人马辎重累积河滩，死伤达千余人。下午3时，敌人增援步兵约三个联队、炮兵一个大队、骑兵数百人，向七七二团主阵地实行反突击，被我有组织的火力杀伤。七七二团十连同十倍于己的日军浴血激战，最后全部壮烈牺牲，而驻扎在大道旁高地上的国民党第三军却按兵不动。为避免过大伤亡，寻敌弱点以再次出击，陈赓命部队主动撤退。

长乐村一仗，共毙伤俘日军二千二百余人，各路进攻的敌人闻风丧胆，捷报迅速传遍全国。在八路军各部及友军的打击下，长治周围各县城相继收复，日军师团司令部放弃长治，从此，以太行山为依托的晋冀豫抗日根据地基本形成。

1940年1月，陈赓率三八六旅进入太岳区，与薄一波的决死一纵队合作，击退国民党第一次反共高潮对岳北的进犯，粉碎了日军的多次“围攻”，包括1941年9月日军三万兵力的“铁壁合围”，巩固和扩大了根据地。1941年，陈赓被任命为太岳纵队兼太岳军区司令员，薄一波为政治委员。

太岳腹心地区的沁源县城，已被太岳区军民建成繁荣的中心市镇。1942年，日军秋季“扫荡”后，占领了沁源县城，修碉堡、建据点，准备搞“山岳剿共实验区”，以达到“中心突破”，向外逐步“蚕食”根据地的目的。陈赓和薄一波商量，集中兵力强攻肯定可以夺回沁源，但在敌强我弱的形势下，还会得而复失，不如扬长避短，广泛发动群众，对沁源敌人进行持久围困战。沁源县是老根据地，群众积极响应，空室清野，一万五千多人离家，走进山区，开荒种粮。参加围困的军民响应“一天杀一个鬼子”的号召，伏击敌人运输队，对进村敌人开展地雷战，断敌水源和粮源。远远望去，沁源县城如同一座死城。日军被围困整整三十个月，1945年4月11日，不得不逃出沁源。

斗智军调组

1946年3月21日，陈赓到达太原接任军事调处执行部太原执行小组中共代表。3月初，阎锡山派出阎军和日军三万余人，在白晋铁路沿线向解放区大举进犯，还让日军旅团长指挥作战。八

路军缴获了阎、日的联合作战命令，揭露了他们勾结日军挑动内战的行为，阎锡山却矢口否认，还让御用报刊造谣“增援之共军中，有武装之日人三百余参加作战”等。

为了查明真相，经陈赓提议，3月23日，太原执行小组乘火车来到白晋铁路北段祁县境内的来远镇。阎军惧怕执行小组实地勘察，连夜埋了地雷，企图恐吓阻止执行小组。执行小组才走出镇子一百米，就踏响了一颗地雷，炸伤三人。陈赓纵队的作战科科长王兰亭因伤势过重，在医院逝世。陈赓险遭不测，引起一些人的恐慌。陈赓不怕恫吓，拿着军调部的旗帜，冒着弹火纷飞，到火线去制止阎军和日军向八路军阵地的进攻。陈赓在阎军炮兵阵地上抓住一个日本兵，举起相机就对准他“咔嚓、咔嚓”按了几下快门，然后把这个吓得失魂落魄的日本兵带回来远镇，作为阎军留用日军进攻八路军的证据。后来提起这件事，他哈哈大笑：“其实我的相机里没装胶卷。”

经过陈赓的坚决斗争，终于制止了阎军和日军的进攻。执行小组回到太原后，在4月1日太原各报发表的《太原小组答中央社记者》新闻稿里，被迫承认阎锡山利用日军攻打八路军的事实：“中共代表要求缴本区日本人之武装……本区日俘在四日内将可完全集中于太谷县”。

“他是黄埔老大哥”

陈赓的智谋为国民党军队黄埔系将领所熟知。解放战争中，他们与陈赓交手时，常告诫部下要小心，但仍难免成为陈赓的手下败将。

1946年6月底，国民党军队向解放区全面进攻。太岳解放区处于华北前哨，是国民党军队全面进攻的战略方向之一。7月，国民党军队以胡宗南的六个旅与阎锡山部，共七万余人大举进攻，企图一个月内打通同蒲铁路，“聚歼”解放军主力。

陈赓率改编后的第四纵队担负了战略性的重要任务：既要阻止胡宗南打通同蒲铁路，又要保卫太岳、太行根据地，还要保卫陕甘宁边区东侧的安全。中共中央决定：第四纵队归中央军委直接指挥。

蒋介石的爱将胡宗南，是陈赓黄埔军校一期的老同学。那时陈赓是“青年军人联合会”的领导人之一，胡宗南是“孙文主义学会”的头头，在政治上势不两立。两人在战场上也多次交过手，1932年在大别山，1934年在陕甘宁边区的山城堡，胡宗南部队都受到不小打击。如今胡宗南不仅部队众多，而且全部是美械装备。

7月10日，胡宗南先头部队两个旅深入解放区七十多公里。陈赓得知胡宗南部队态度骄横、部队分散，以两次夜战、近战就“吃掉”了一个旅。胡宗南吃了亏立即改变战术，急令各旅收缩，白天并肩前进，夜晚猬集宿营，构筑工事，加强警戒……陈赓一时扯不散这股敌军，就留下一个旅与胡部周旋，率第四纵队主力隐蔽绕道北上三百里，歼击同蒲铁路线上的阎锡山部队。

胡宗南飞到运城召集军事会议，决定增调他所谓的“天下第一旅”等精锐部队，沿同蒲线北上，要求阎锡山的第三十四军南下，以十五个师（旅）约十万之众南北夹击陈赓部队。

第一旅是蒋介石的王牌部队，旅长

黄正诚是中将，整编前为第一师，第一任师长就是胡宗南。陈赓从敌电台和报话机密语中判断出第一旅的行踪：该旅从临汾跟上来，准备在临浮公路中段驻防，策应占领浮山之敌两个旅。这是难得的歼敌良机。22日，陈赓指挥三个旅沿公路中段一字排开，趁敌军还未宿营构筑防御工事就开打。当夜就向第一旅第二团发起攻击。第二天拂晓，又与黄正诚率领的第一团接上了火。黄昏时，趁他们刚进村架锅做饭就冲了进去。23日午夜刚过，就全歼敌第二团；24日天亮前，第一团也被消灭，俘虏黄正诚。

黄正诚不服气，说："你们违反战术法则，我们的炮火还没展开，你们就偷偷摸进来；你们的大炮在十米内使用，也违反射击教程；你们采取夜袭，这种打法不正规……"殊不知，近战夜战、火炮抵近射击、不等敌人火力展开就猛打猛冲，正是陈赓战胜优势装备敌军的法宝。黄正诚起先见了穿粗布军装的解放军还要摆摆架子，可是一听到司令员是陈赓时，立刻恭敬地说："他是我们黄埔军校有名的老大哥，我很尊重他。"陈赓开导了他一番，指出不义之师必败的道理。他开始若有所思："老大哥言之有理，启我茅塞，请容我三思。"

1948年3月，陈赓部队和陈士榘、唐亮兵团攻克坚固设防的洛阳，全歼蒋经国一手培养控制的"御林军"青年军第二〇六师，俘虏黄埔军校第五期学生、蒋介石的宠将、师长邱行湘。邱行湘自称出身贫农，陈赓狠狠教训他做了大地主大资产阶级的帮凶。

黄维也是黄埔一期同学。淮海战役中，黄维兵团在双堆集攻坚战中被歼灭十八个团，其中被陈赓指挥的两个纵队歼灭了十三个团。黄维兵团第十四军军长熊绶春是黄埔军校第三期学员，陈赓叫人带去亲笔信还想劝说他，他仍犹豫不决，这时总攻开始了，他在逃跑中被击毙。

牵"牛"伏牛山

1947年夏，解放军一年来已歼敌百万，蒋介石被迫从全面进攻改为重点进攻山东和陕北。毛泽东说："好得很呐，蒋介石这两个拳头一伸，他的胸膛就露出来了。"在毛泽东和周恩来的"将战争引向国民党区域"的战略决策下，决定组成陈谢集团，与陈粟大军、刘邓大军互相配合，在中原大地上向敌人展开大规模进攻。

陈谢集团由第四纵队、新组建的第九纵队和起义的第三十八军组成，共八个旅加两个师八万余人，陈赓为前委书记，谢富治为副书记。1947年8月23日，陈谢集团突破黄河，到12月，南进千里，先后在陇海西线、洛阳外围、伏牛东麓、豫南鄂北、平汉南段五战五捷。五个月间，总计歼灭国民党正规军及地方部队和土顽五万六千余人，解放县城三十六座、人口近千万；创建豫陕鄂根据地，解放区东西宽六百余里、南北长千余里，与苏鲁豫皖和鄂豫皖两大解放区连成一片。

蒋介石急令从陕北战场和围攻大别山刘邓大军的部队中抽调军队，数次企图夹击陈赓部队均未成功。陈赓部队南下时，国民党李铁军第五兵团尾追南下，想与陈赓决战。李铁军与陈赓也是黄埔军校一期同窗，在指挥追击时，他在自己的司令部提到陈赓时还一直尊称"陈

大哥”。他为人狡黠、用兵谨慎，七个旅猬集一团，一动全动，一停全停，不给陈赓留什么空子。当时陈赓能调动的作战兵力不过五个旅，但不歼灭这股敌人又无法在豫西立足。

11月8日，陈赓召开前委扩大会议，对打不打李铁军兵团，会上争论激烈。最后，陈赓提出“牵牛进山”，扯散它、消耗它，主力隐蔽，时机成熟再集中优势兵力各个击破。伪装主力引诱李铁军兵团进伏牛山的任务就交给第四纵队十三旅和第九纵队二十五旅。

“牵牛”部队沿途故意大造声势，多路行进，大路小路都是喧嚷的部队，夸大部队番号，进村用粉笔多标房子，多造行军灶，弄得满村烟雾弥漫……老乡们将来了很多老八路的消息传开。可是老谋深算的李铁军并未轻信，而是继续侦察陈赓的主力究竟在哪儿。十三旅旅长陈康急了，发急报向陈赓请示，陈赓回电“继续南进，攻打镇平”。11月16日，陈康率部包围镇平，把全旅仅有的几门山炮和所有的各种火炮集中起来，一齐急袭。激烈的枪声密得像爆竹，镇平霎时陷入硝烟与火焰交织的火海中，城里敌人声嘶力竭向李铁军求援：“共军主力正在攻城，几百门大炮轰击猛烈……”李铁军再也沉不住气了，率主力整编第三师急忙赶来。肥“牛”终于“牵”上了。第十三旅又攻打内乡县给“牛”看，准备在鱼关口再设伏狠揍他一顿。李铁军深信不疑，追上了陈赓主力，山路崎岖，李铁军竟然丢掉辎重，扔下大炮，带着轻装部队拼着老命向深山追去。

陈赓的主力部队在伏牛山东麓的平原地区展开了攻势。指挥三十个旅围攻大别山的白崇禧这才恍然大悟，陈赓主力不在伏牛山里，不得不抽兵回援。筋疲力尽的李铁军也调头回驰平汉路，但部队受冻挨饿，士气低落，军心涣散。陈赓要把拖瘦的“牛”赶到预定的“屠场”。李铁军赶到铁路附近，接触到陈赓第十一旅的一个连队就以为咬住了大部队，陈赓将计就计，令十一旅节节抗退，“牵”着他北上。李铁军求功心切，竟催促整编第三师孤军深入，12月26日被陈赓部队和华东野战军合围全歼。李铁军只身逃跑之前，对天长叹：“我半世英名，被陈大哥毁于一旦了。”

为“两弹”事业开道

1952年6月，中共中央从抗美援朝战场上调陈赓回国，创办我国第一所高等军事工程技术院校——哈尔滨军事工程学院。陈赓为国防科技现代化发展殚精竭虑。

1954年10月，陈赓被任命为副总参谋长，仍兼任哈军工院长。9月10日，他随彭德怀和刘伯承率领的中国军事代表团赴苏联参观有原子弹爆炸的实兵对抗演习。演习总结会上，苏联国防部部长布尔加宁送给彭德怀一把飞行员投放原子弹的金钥匙，大家争相传看，陈赓看了一眼说：“光给把钥匙，不给原子弹有啥用！”彭德怀立即说：“你是军事工程学院的院长，你可以组织研制嘛！咱们还是自己干吧！”

陈赓参观回国后，就考虑哈军工要着手培养研制导弹、原子弹的人才。他深知国内这方面人才奇缺，曾向周恩来等领导人建议，要争取留美的中国科学家和学生，如钱学森等回国效力。

1955年10月，钱学森回到祖国。陈赓知道后，立即向彭德怀建议，哈军工有懂航空、火箭的专家，也有教学仪器和设备，最好请钱学森去参观一下，再听听他对中国研制火箭的意见。此议得到毛泽东、周恩来等中央领导的支持。哈军工当时是军事保密单位，地方上也只有省委委员以上才能参观。钱学森到哈尔滨参观东北工业的第二天，陈赓一大清早就乘专机赶到哈军工，亲自全程接待钱学森，并在欢迎辞中说："对于钱先生来说，我们没有什么密要保的。"这使钱学森很感动。

陈赓看到钱学森对小火箭试验台很感兴趣，就试探地问："钱先生，您看我们能不能自己造出火箭来？"

钱学森很有信心地说："有什么不能的，外国人能造出来，我们中国人同样能造出来。"

陈赓兴奋地握住钱学森的手说："钱先生，您说得真好！我就要您这句话。"

后来钱学森回忆说："我回国搞导弹，第一个跟我说这事的是陈赓大将。"自此，陈赓开始为研制导弹积极奔走。他立即飞回北京，向彭德怀汇报了钱学森的信心和看法，说得很激动。陈赓还多次和钱学森讨论导弹问题。不久后，又陪同钱学森到北京医院与彭德怀讨论研制导弹需要的人力、物力、设备条件和时间。

1956年2月初，一个周末的下午，叶剑英会见并宴请钱学森夫妇，陈赓也应邀共进晚餐。席间谈话的主题还是导弹，三人越谈兴趣越浓，心情越加迫切。饭菜摆好，陈赓突然说："今天是星期六，周总理晚上可能在三座门跳

1954年9月，陈赓在哈尔滨军事工程学院第二期开学典礼上阅兵

舞，吃了饭我们就去找他，请总理亲自抓。”

饭后，三人驱车来到三座门，周总理果然在。一曲刚终，叶剑英就急步走向周总理，汇报刚才谈到的想法。周总理认真听着，频频点头，脸上露出微笑道：“好啊！”说完，走过去握住钱学森的手说：“学森同志，刚才叶帅向我谈了你们的想法，我完全赞同。现在交给你一个任务，请你尽快把你的想法，写成一个书面意见。包括如何组建机构，调配人力，需要些什么条件，等等，以便提交中央和军委讨论。”钱学森尽力抑制内心的激动，只说了两个字“好的”。这就是钱学森《建立我国国防航空工业的意见书》的由来。

意见书受到中共中央和中央军委的高度重视。1956年3月14日，周总理主持中央军委会议，决定组建导弹航空科学研究的领导机构——航空工业委员会，直属国防部，尔后任命聂荣臻为主任，钱学森等为委员；不久，中央军委又决定，由航委负责，组建导弹管理局（国防部五局）和导弹研究院（国防部五院，钱学森为院长）。

国防部五院成立后，中国导弹事业正式起步。当时需要解决的最大难题，一是技术力量不足，二是争取苏联技术援助以少走弯路。陈赓为调配五院的技术力量问题，如同几年前创办哈军工那样，倾注了大量心血。中国政府请苏联政府对中国研制现代武器提供技术援助一事，经过整整一年半的商谈，也终于有了松动。

1957年9月至10月，聂荣臻副总理率中国政府工业代表团赴苏联谈判，签订《中苏国防新技术协定》时，向中央建议，由陈赓和主管原子能方面的宋任穷为副团长，钱学森等为科学顾问。有关原子能、导弹、作战飞机等技术的《协定》签订后，陈赓非常高兴，拉上刘杰一起去看望中国留学生。他们对留学生们说：“好好学习，把在苏联学到的东西变成自己的财富，将来报效祖国，把中国的火箭、导弹事业搞上去……”台下的留学生们欢呼起来。

1958年5月至7月，中央军委召开扩大会议研究加强军队建设问题，毛泽东提出了研制、试验核武器的任务。10月，航空工业委员会改组为国防科委，聂荣臻兼任主任，陈赓为副主任。

这年秋，陈赓邀请核物理专家钱三强到三座门军委会议室。陈赓说，导弹的事落实了，现在究竟能不能研制原子弹？时间能不能再提早一点？钱三强说：“我们的科技力量还是有的，关键是核反

抗日战争初期的陈赓

应堆的问题还卡着脖子。”陈赓问：“咱们不是有了反应堆吗？”钱三强答：“那个研究型的反应堆不能搞，要搞浓缩铀的。”陈赓在了解情况后，向中央有关领导人反映，采取措施抓紧浓缩铀工厂的建设和扩散厂技术骨干的培养。

陈赓办事向来快刀斩乱麻，走一步看两步，他早就为“两弹”研制做了各方面的准备。1958 年 2 月，中央批准在内蒙古和甘肃境内建设综合导弹试验靶场，陈赓病中点将，建议让二十兵团副司令员孙继先到基地当司令员。1958 年 8 月初，陈赓把三兵团参谋长张蕴钰叫到家里，说：“叫你去搞原子弹靶场，这是我推荐的。好好搞，靶场建设好了交给别人，可以吗？”张蕴钰回答：“我服从命令。”张蕴钰成为第一任核试验基地司令员。1959 年，西藏军区副司令员李觉回北京疗养，陈赓去看望他，笑着对他说：“好好休养，过几天部队准备欢送你。”李觉一怔：“是不是要我改行？”陈赓笑而不答。李觉身体复原后，总干部部正式通知他转业，宋任穷对他说：“调你来是党中央决定的，准备让你搞原子弹。”

中国“两弹一星”取得了辉煌成果，陈赓大将的功劳不会被遗忘。

（本文选自《陈赓传》，当代中国出版社）

李克农千里单“骑”走重庆

文／陈嘉祥

李克农

李克农（1899—1962 年），安徽巢县人。1926 年加入中国共产党。1928 年到上海，在中共中央特科领导下从事秘密工作，人称中共的“特工之王”。1931 年冬到中央革命根据地，任中华苏维埃临时中央政府国家政治保卫局执行部部长，中国工农红军第一方面军政治保卫局局长、红军工作部部长。参加长征。到陕北后，任中共中央联络局局长。全面抗战爆发后，任八路军、新四军驻上海、南京、桂林办事处处长，八路军总部秘书长，中共中央长江局秘书长。1941 年起，任中共中央社会部副部长。1955 年被授予上将军衔，荣获一级八一勋章、一级独立自由勋章、一级解放勋章。

抗战期间，武汉、广州失守后，八路军在广西桂林建立了办事处，李克农兼任办事处主任。1941 年 1 月，国民党顽固派发动皖南事变，掀起了第二次“反共”高潮，八路军桂林办事处成为他们封闭的主要目标。从桂林到重庆，从空中到地上，国民党特务组织了严密的封锁线，设置了重重关卡。

中共中央和在重庆的南方局十分关注李克农及桂林“八办”的安危。周恩来连发数电，向李克农通报了时局的严重性，指示他在紧急疏散民主文化人士后，迅速撤回重庆。

1941 年 1 月 21 日，李克农带着一辆小汽车和一辆卡车，满载物资和撤离人员，在广西政府的小车引导下驶出了办事处的大门。由于桂系“礼送出境”的友好政策，国民党特务慑于桂系的屡屡劝告，在桂系的势力范围内不敢“造次”。因此，李克农一行在广西境内未遇到太大的麻烦，很快便到了贵阳。

李克农一行到贵阳后，国民党一上校特务奉命前来，请李克农一行多住几日，帮助贵州军界出谋划策，并慷慨表示可以从经济上予以资助。原来国民党特务早已奉命在此截留李克农，但一是惧怕他的声名，二是李克农手中各种证明、通行证俱全，怕贸然扣押影响太大，所以借口留李克农在此“指导”工作，以向八路军“学习”“请教”为名，将李克农滞留于此，等待时机再下手。

李克农虽看出了敌人的诡计，但为了迷惑敌人，他以欣赏城市风景为名，把贵阳的地形侦察了个清清楚楚。一连两天，李克农对贵阳的兴趣未减，时而游览，时而吃风味小吃……国民党特务的防守渐渐地松弛了。

第三天一大早，趁国民党特务们都还在睡梦中，李克农神不知鬼不觉地带着两辆汽车悄然离开了贵阳。国民党特务头目勃然大怒，命令军统息烽站一定要堵住。

当李克农的汽车到达息烽站前时，栏杆、路障早已放下，特务们如临大敌，还在不远处的房顶上架起一挺机枪。

龙潜跳下汽车，前去接洽。息烽站站长上下打量着这位八路军的副官，又仔细看了看龙潜手里的文件，慢条斯理地问：“从哪里来？到哪里去？”

龙潜按照李克农的吩咐，从容作答，同时亮出了通行证。

特务们故意刁难，声称要一一检验人员和物资。李克农示意让他们检查。检查完毕，他们并没有发现什么可疑之处，特务站长又走到小汽车旁嚷道：“我们要检查这辆车！快出来！”

两个装有机密文件的皮箱就藏在车上。如果让他们查出来，其后果不堪设想。李克农便厉声喝道：“混蛋！连老子的车也敢刁难，太无法无天了！”

特务站长见状，先是一愣，随即冷笑道：“你就是他们的头目吧？兄弟奉上司命令，检查往来车辆，缉拿叛军奸党……”

不等他说完，李克农大声说道：“谁是叛军奸党？”

“蒋委员长已下令，新四军就是叛军，他们通敌叛国，你们办事处在后方扰乱地方……”

“胡说！”李克农怒不可遏地训斥道，“新四军在前线浴血奋战，谁人不知？何人不晓？办事处是奉命建立的，一向讲求抗日团结，深受人民的欢迎。我看倒是你们，不但不抗战，反而破坏

李克农

抗战，私扣车辆，抢夺物资，危害百姓，扰乱地方，明抢暗盗，大发国难财！你们不去前方打仗，反而躲在这深山老林中，专干些见不得人的勾当，你们倒像是奸党叛军，简直就是一群土匪暴徒！”

李克农义正词严，直驳得特务哑口无言。一个小特务挥着手枪狂叫：“我们上司有令，抓住八路军、新四军格杀勿论。”

李克农从口袋里掏出一张纸，在特务面前一晃，厉声喝道：“这里有军委会命令，凡沿途无故阻拦本将军者，就地正法！”

龙潜及几个战士迅速掏出手枪，顶上子弹，枪口对准了特务们。众特务见状，不敢再逞威风，只好悻悻地拉开栏杆，撤去路障，放他们通过。

事后，龙潜问：“克公，你哪儿来的军委会的命令？”李克农大笑起来，看着龙潜，说：“想不到我们的龙副官也被蒙住了！我哪儿有什么军委会命令，不过是李济深开的桂林办公厅的一封介绍信罢了。”

沿着崎岖的山路，又冲过十多道交通检查站，李克农一行出了贵州，到了四川境内。一品场位于重庆南约七十公里处，当时是从东南、华中、云南、贵州等省区陆路到重庆的必经关口，设在这里的检查所，隶属于军统特务头子戴笠控制的国民党政府军事委员会水陆交通统一检查处。所长均为上校军衔，军阶很高。把守一品场检查所的是戴笠的心腹干将，军统特务头子之一的韦贤。

检查员看到汽车来了，立即挥动小旗，示意汽车停下，并放下木栅，拦住了汽车。

龙潜跳下车来，两个特务检查员上前进行检查。花了约一个小时，检查员才加盖了检查所的印戳，并交给他一份通告，命令他要切实遵守。

当龙潜拿着通告准备上车时，检查所的一名特务快步向他跑来。他心头一惊，难道特务嗅出了什么？

特务走到龙潜面前，笑道：“我们所长要去重庆海棠溪开会，能否搭乘你们那辆小汽车？”说着指指李克农坐的小汽车。

龙潜心中一惊：“军统上校特务所所长要乘八路军的汽车，有何意图？他们要玩什么花招？”他立即回到小汽车旁，向李克农请示。

李克农一听，笑着说道：“好嘛，既然他们的上校特务所所长要搭车，咱们就利用他送咱回重庆。你去叫他来，车上由我来对付。”

该上校特务所所长提着小皮箱上了汽车，坐在李克农的身边，这人就是韦贤，他是奉戴笠之命要赶到重庆开会的。

韦贤仔细打量了一下李克农：一身戎装，缀少将军衔，圆圆的脸庞上架着一副墨镜，透出一股英武慑人气势。对方也在盯着自己。

“老兄在十八军任何职啊？”韦贤首先与李克农搭话。

李克农心中一怔：“十八军？”他看看自己的臂徽“十八”。哦，原来这位上校特务所所长居然如此马虎，误将“十八”当作“十八军”，而不是“十八集团军”，已乘坐了共产党的汽车，却以为乘的是十八军的汽车呢！李克农决定将计就计，冒充一下“十八军”的少将。他哈哈一笑，反问：“你就是大名鼎鼎的韦所长吧？久仰，久仰。”

闻听此言，韦贤心中大吃一惊：听口气，他居然对我的情况很熟悉。他疑惑地望着李克农。

“我是十八军司令部秘书长。你的大名谁人不知？我还听说，你在一品场检查所治理有方，深得戴老板信赖，许多人都告过你的御状，也无可奈何你。有这事吧？”李克农道。

怪不得对我这么熟悉，原来是十八军司令部的秘书长。十八军是陈诚的嫡系，蒋委员长的‘御林军’。这位十八军司令部的秘书长，一定是陈诚的心腹干将。身居秘书长要职的将军，居然没有一点架子，对我这么客气，真令人感到意外，也不简单，应该好好交一交。韦贤心中暗忖。听了李克农的话，同时也有点得意，便顺着李克农的话吹嘘起来。

“兄弟治理一品场，向来从严要求，专门检查昆明、东南、两广的走私货物，所以得罪了许多人。他们跑到戴老板那里告我的黑状，可是戴老板就是不信他们那一套。”

“哦？为什么呢？”李克农故作惊奇地问。

“这里面当然有原因。”韦贤得意地说，“有一次，戴老板从贵阳赶回重庆，在夜间经过这个检查所时，事前谁都不

李克农

知道，连我也没有得到通知。戴老板的司机横冲直撞惯了，照例不肯停车检查，被检查员挡下以后便大发脾气。当时我正好在，因天黑也看不清戴老板是否在车上，怕司机冒充，还是叫停车。那司机对我大叫：‘老板的车你也敢挡住！’我一听，十分恼火，就不客气地吼：‘我是奉老板命令检查，他自己规定的，自己更应当遵守，不管谁，我都要检查！’戴老板在车上听到了，马上从车上下来按规定手续办理，还特别嘉奖了我一顿，说我铁面无私。这件事传出去以后，来往车辆便更加小心，谁也不敢再来寻事。戴老板怎能不信任我！”

李克农心中暗想，果然不错，这个韦贤是戴笠的心腹，我完全可以利用他将我们“护送”到重庆。便装出很钦佩的口气道：“怪不得大家传言你治所有方，今日经过，方知名不虚传啊！”

韦贤听了此话，更觉飘飘然，同时也觉得这位“十八军”秘书长将军和蔼近人，没有将军架子，对自己也很尊重，便对李克农大生好感，很快就称兄道弟，一路上对李克农推心置腹，谈了不少军统“内幕”。李克农不动声色，巧妙地应付着，从韦贤口中“掏”出了不少难得的情报。

为了在这位新交知己面前炫耀自己的威风，每当汽车过检查站时，他便远远地把头伸出车窗，挥手喝退那些前来检查的特务。特务们一见是他，连忙挥动小旗，搬开栏栅，挥手放行。车到海棠溪时已是下午，这里是进入重庆市区的最后关口，国民党检查甚严。韦贤与李克农握手告别，并递给他一张盖有“国民政府军事委员会水陆交通统一检查处”印章的特别通行证，还回头对准备检查的特务厉声喝道：“这是十八军的军车，这位将军是我的朋友，还检查什么，快放行！”

傍晚，李克农一行安全抵达红岩村八路军重庆办事处。周恩来、董必武、叶剑英、童小鹏、李涛、边章五等老战友热烈欢迎他们平安归来。

当李克农绘声绘色地向周恩来、董必武、叶剑英等讲述了他们路上的惊险场面以及国民党上校特务韦贤误将十八集团军当作十八军时，大家都笑了。周恩来道：“三国时有个关公关云长，过五关斩六将，千里走单骑，传为美谈。今天有克公李克农，也过五关斩六将，千里‘单骑’走重庆。真是奇迹。”

董必武也说：“汉初之际有个李左车，唐初有个房仆射，最善用反间计，我们的克公与他们相比，也毫不逊色！国民党特务千方百计要截留八路军总部秘书长，而克公居然能让他们的上校特务亲自保驾护送。戴老板要是知道了，不知要发多大的脾气呢！”

具有讽刺意味的是，在韦贤去重庆参加的会议上，戴笠还在强调要严格检查，务必截留住李克农。可戴笠万万没想到，李克农早已由他的心腹护送，安全到达重庆八路军办事处了。

（本文选自《文史月刊》）

抗美援朝战争中的洪学智将军

文／董保存

洪学智

中国有句俗话，“不打不成交”。二十世纪五十年代，中国和美国在朝鲜交手；七十年代，毛泽东和尼克松在北京握手。毛泽东不无幽默地说：“我们是老朋友了。”八十年代，作为一代名将，中国人民解放军总后勤部部长洪学智踏上了美利坚合众国的土地，对美国军队进行友好访问。

将军幽默、独特的谈吐使美国同行感到惊异。一次晚宴上，一位美国将军问：“洪将军，你是什么大学毕业的？”

洪学智笑笑说：“我是你们美国的大

学毕业的。”

翻译一惊，直译过去。美国军人不解了，又问：“我们哪所军校毕业？”

洪学智回答：“你们的空军大学。”

美国军人这才恍然大悟，大笑起来，说：“那请你到我们这里来办公。”

洪学智说：“你们的空军大学还没有给我发毕业证呐！”

这时众人都知道将军说的是五十年代的那场战争。正是那场战争，使洪学智将军的军事才华得到了充分的发挥，成为我军一名耀眼的将星。

当时毛泽东发给志愿军的电报开头多是“彭邓洪韩解杜”，洪学智作为其中的“洪”起着别人不可替代的作用……

“雄赳赳，气昂昂，跨过鸭绿江！”歌是这么唱的，但当时过江却是静悄悄的。1950年10月22日，洪学智和他的战士们趁着夜色来到了朝鲜的国土上。

过江后的第五天，志愿军司令部就进行了分工：彭德怀司令员兼政治委员；邓华为第一副司令兼副政委，分管干部和政工；副司令为洪学智，分管司令部、特种兵和后勤；韩先楚为副司令；解沛然为参谋长；杜平为政治部主任。

10月25日，我军就和敌军遭遇，第一次战役打响了。

凌晨，作战室的电话铃响起来。一一八师的司令部报告说，他们的正面发现了敌人！洪学智指示：“多往里放一放，等敌人钻进口袋再坚决消灭它！”此时，敌方很狂妄，他们并不知道志愿军主力已经过江，还在声称可以马上“饮马鸭绿江”呢。

25日上午9时，四十军一二〇师来电称他们已和南朝鲜一师正式交火。到12时，一一八师师长邓岳来电话报告：“伪六师二团的一个加强营进到我伏击圈内以后，我军采取拦头、截尾、斩腰的战法，突然发起猛烈攻击，敌人大部被歼，活捉了好几百人，还有三名美国顾问。”洪学智一拍手说：“好，先敲了他一下子！”

战争中，情况瞬息万变，除了国内的统帅部给予指示外，还要认真分析敌情，才能果断下决心。那些日子，他们经常是在油灯下绞尽脑汁，反复权衡。第一次战役的时候，彭总曾想用三十八军和四十军的两个师再加上四十二军的一二五师，重点攻击熙川之敌。三十八军未能按计划插到指定位置。彭老总在作战室发了火：“这个梁兴初（三十八军军长）怎么这样慢慢腾腾的？”

参谋长说：“三个方向的敌人正向温井运动，想合击我温井部队，熙川

中国人民志愿军司令员兼政治委员彭德怀在朝鲜前线视察阵地

的敌人好像已撤出了。”洪学智说：“彭总，我们的计划要马上改变。”“怎么个变法？”“放弃首歼熙川之敌的计划，用四十军坚决阻住向温井进攻的敌人。把伪六师七团围住。诱使熙川、云山的敌人出来，我们集中三十八军、三十九军、四十军吃掉它六七个团。”彭德怀征求了大家的意见，一锤定音：“就这样定了，马上给各军师发报！”

然而，第一次战役三十八军还是没有按时赶到指定地点，没有很好地完成任务，彭老总批评了梁兴初。

吃饭时，洪学智见梁兴初看着饭碗发愁，就说：“老梁，不以一次成败论英雄，这次没有打好还有下一次嘛！”梁兴初攥了攥拳头，说：“下一次！”

第二次战役，三十八军打出了军威，这是“三十八军万岁”的由来。

在一次战役中窝了一肚子火的三十八军军长梁兴初，动员部队时就强调：“要不惜一切代价，克服一切困难，保证完成迂回任务。”当时给他们的任务是一定要插到三所里，切断平壤与价川的联系。

战役打响后，洪学智跟彭德怀、邓华守在作战室，等着他们的消息。别的部队不断有消息传来，唯独三十八军一一三师一直没有音信。他们一夜没有睡，一直等着一一三师的消息，直到第二天清晨，电台里传来了一一三师的信号。一对坐标发现他们已经到了指定地点——三所里。

洪学智和彭总心里这才一块石头落了地。

原来，一一三师为了保证插到预定地点，实行了无线电静默，他们十四个小时赶了七十千米的路啊！

他们的电台一打开，美军就知道了，展开没有几分钟，敌人的骑兵第一师一个团就随即赶到，激战马上开始了。一一三师击退了敌人的十多次冲击，牢牢地守住了三所里，切断了敌人的退路。这时敌人又想从北面的龙源里退走，一一三师不顾疲劳，连续作战，先敌占领了龙源里，保证了战役的全面胜利。

战报送到了志愿军司令部，彭德怀只说了三个字：“打得好！”

洪学智说：“老总啊，他们上次没打好，受到了批评，这次就是要打出样子来。他们就是有股不服输的劲头！”

彭总说：“要嘉奖他们！我来写嘉奖令！”

彭德怀挥笔写道：

梁、刘并转三十八军全体同志：此役克服了上次战役中个别同志的某些顾虑，发挥了三十八军优良的战斗作风，尤以一一三师行动迅速，先敌占领了三所里、龙源里，阻敌南逃北援。敌机坦克百余终日轰炸，反复突围，终未得逞，至昨（30日）战果辉煌，计缴坦克、汽车近千辆，被围之敌尚多。望克服困难，鼓起勇气，继续全歼被围之敌，并注意阻敌北援。特通令嘉奖，并祝你们继续胜利！

彭邓洪韩解杜

参谋刚刚走，彭总又说：“拿回来，拿回来！”他接过电报，大笔一挥写下一行大字：

中国人民志愿军万岁！三十八军万岁！

这就是彭德怀的风格，没有完成任务，他骂你，任务完成得好，他就这样奖励你！

不过这个评价还是出乎洪学智的预

料，还从来没有人说过一个军万岁啊，彭德怀就这么说了。洪学智打心里佩服他。

彭德怀的住处变成一片火海，他对洪学智说：“今日不是你，老夫休矣！”

后人都说是奇迹——抗美援朝时，我们没有制空权但我们硬是把美国人打到了谈判桌上。由于空中是人家的，敌人的飞机可以随时来轰炸，司令部的安全都受到威胁。中央几次发电报，要注意防空，特别要保证彭德怀同志的安全。

这事理所当然是由洪学智来管。他和邓华商议，先给彭老总搞一个防空洞，于是一个工兵连在离彭老总住处不远的地方开始了施工。施工炮声惊动了彭德怀。听说是给他挖防空洞，他很不高兴，把部队撵走了。

第二天洪学智不见部队施工，就叫人继续施工。

彭德怀找来洪学智说：“你个洪学智，是不是没有事干了，在山下瞎鼓捣什么！”洪学智解释说：“这不是瞎搞，这是为防空，我要保证你的安全！”彭总说：“我的防空不要你管！”“彭总，这话就不对了，我是执行中央的命令，中央要管的。”彭德怀不好再说什么，防空洞也就挖成了。

不久，这里发生了被炸事件。那天下午，四架美国飞机在大榆洞上空转了一圈，炸坏了坡上的变电所。天快黑时，又来侦察，这使洪学智警觉起来——平时总是先侦察，后轰炸的，明天会不会挨炸？他找到邓华。邓华说：“那咱们就研究一下明天防空的事情，得想法让彭总参加。”

彭德怀工作起来向来是不顾个人安危的。

没有办法，邓华和洪学智等人开会研究了防空方案。

第二天，彭德怀要研究下一步的作战方案，洪学智便想了一着——把彭德怀屋里的地图给摘走，挂进了防空洞。彭总可是不能一日无地图的哟。

别人都进了洞子，就是彭总不来。参谋去叫了几次，他还是不肯进洞。洪学智只好硬着头皮进了彭德怀的办公室。

彭德怀一见洪学智，火气不打一处来，吼道：“洪麻子，你把我的作战地图弄到哪里去了？”“老总，拿到上面防空洞里去了，我们都在那里等着你去研究作战方案呢。”“我不去，要开会就在这里开！”“这里太危险，老总快走吧。”“你怕危险，你走，我不怕，我就在这里，我哪里也不去！”洪学智也有些着急，说：“老总，那边地图都挂好了，火也烧起来了，大家就等你一个……”“我说你这个洪学智就是多管闲事！”“这不是闲事，这就该我管。”见他不再说话，洪学智推着他说：“彭总，快走吧，你就听我这一次！”

连推带拉，总算把彭德怀拉了出来，洪学智又叫警卫员：“把彭总的铺盖也拿到洞里去。”

他们的作战会议没有开多久，敌人的飞机就来了，朝彭德怀住的房子一阵狂轰滥炸，一枚汽油弹正好落在彭德怀住室的顶上，房子很快烧光了。

那天，彭德怀一天没有说话，坐在防空洞里，像是一尊雕塑。洪学智去叫他吃饭，他才抬起头来，说：“洪大个子，我看你这个人还是个好人哪！”

洪学智见他说话了，就说：“我当然是个好人，不是坏人了！”“今日不是你，老夫休矣！”有人说，要不是那天洪学智把彭总拉了出来，整个朝鲜战争的战史还不知是怎么个写法。这话不无道理。

洪学智回国汇报，面见周恩来

对于这次汇报，洪学智将军记忆犹新。洪学智向周副主席汇报了前线的基本情况后，周副主席十分严肃地说：“美帝国主义欺负我们，疯狂到了极点。但是他们没有想到在他们的海空优势下，我们却打到了“三八线”。美军这是第一次在世界上吃败仗。不过志愿军要想不吃亏，就得研究对付敌机的办法。”他沉思了一会儿，说：“中央军委考虑，要尽快出动飞机，当然，我们的飞机有限，只能给敌机造成一点混乱，振奋一下士气。”

洪学智说：“前线将士都盼望我军出动飞机。”

周副主席说：“中国有飞机，但飞机参战还不是时候，这个你当副司令的，应该是很清楚的。”

洪学智一想，确实如此。飞机要吃汽油，如果用朝鲜战场现有的运输力量来供应，就是把一切军需弹药都停运，也不见得行呀。后方供应制约着战役的规模，这是一点也不假的。

周副主席说：“所以外国军事家说，后勤是现代化战争的瓶颈。志愿军后勤必须加强，中央军委考虑，要给志愿军后勤增派防空部队、通信部队……”

最后，洪学智说：“彭总还让我向你汇报成立志愿军后方勤务司令部的问题。”周恩来听了洪学智的想法，立即表态：“这个想法很好，很重要，军委一定尽快研究采取措施。”

彭德怀发火，洪学智兼任志愿军后方勤务司令部司令

当中央军委关于成立志愿军后方勤务司令部的电报到达以后，洪学智有一种预感，这个司令可能要自己兼任了。他思前想后，觉得不能兼任。这不是患得患失，是有原因的。一是自己对军事工作更熟悉；二是这里的后勤工作太难搞了，怕自己不能胜任。

所以当邓华等人都说还是老洪兼任好的时候，他说话了：“我兼不了这个后勤司令！”一直没有说话的彭德怀问：“为什么？”“前一段让我管没有管好，现在兼任这个司令，还是搞不好呀。别的什么事情都可以干，这个司令还请别人干吧。”

彭德怀发火了，手往桌子上重重一拍，墨水瓶跳起老高：“你不干，你不用干了！”说完，他又站起来，在屋里转一个圈，说：“你们不干我干！你去指挥

洪学智

部队吧！”洪学智见彭德怀发了这么大的脾气就说：“老总，你这么说可是将我一军的话了。”“将军？是我将你的军，还是你将我的军？啊？”

邓华说：“老洪，还是你干吧，你一来就兼管这事，现在让别人管也插不上手啊。”

别人也出来劝洪学智。洪学智说：“如果非要我兼，得让我讲个条件。第一个条件是，干不好早点撤我的职，早点换比我能干的同志；第二个，我是个军事干部，愿做军事工作，抗美援朝完了，回国后不要再让我搞后勤了，我还搞军事。”

彭德怀一听，说：“我当是什么条件呢，行，答应你。”

彭德怀对洪学智说：“前方是我的，后方是你的……”

1951年7月，美国方面趁朝鲜北方发大水的机会，对我后方发动了一场绞杀战——“空中封锁战役”，想把我们的后方运输线彻底切断。

得知这一情报后，彭德怀特意把洪学智叫到桧仓。两人一见面，彭总就说：“洪大个儿，敌人要把战争转到后方了，这是一场破坏与反破坏、绞杀与反绞杀的残酷斗争，前方是我的，后方是你的，你一定要打赢它！”

洪学智深知肩上这副担子有多重。那些日子，他是吃不好睡不安，今天在这里看物资隐蔽，明天在那里布置假目标，后天检查防空哨的情况……

一天，洪学智又要到部队去检查，刚上路就碰上了敌人的B-26飞机。前不着村，后不着店，一个隐蔽的地方都没有，司机和警卫员都吓坏了。洪学智说：“别急！”但他的心里可是很着急。他抬头看看飞机，嘿，怪了，B-26怎么飞回去了？再一看，原来是我们的飞机迎面冲上来了。洪学智一拍手说：“快走，我们的飞机在掩护呢！”

为了切断我们的运输线，敌人的确也是绞尽了脑汁，不断改变战略战术。敌变我变，变为重点突击，洪学智命令高炮部队变“集中兵力重点保卫”为“重点保卫，机动作战”；你炸桥梁，我把桥藏起来，变成水中桥，潜水桥……

人们都说，我们后勤有人有物的地方，都会有洪副司令的身影；只要是有一种新的对付敌人的办法，洪副司令准会去那里开会……

打到后来，美国第八集团军司令范弗里特也不得不对记者说：“虽然联军的空军和海军尽了一切力量，企图阻断共产党的供应，然而共产党仍然以令人难以置信的顽强毅力，把物资运到了前线，创造了惊人的奇迹。”

（本文选自《人民日报》海外版）

罗荣桓与救命银圆

文/孟　红

1937年8月，罗荣桓任一一五师政治部主任

1927年11月，“三湾改编”后到达井冈山的工农革命军接连打了几次胜仗，尤其是攻下茶陵县城后缴获颇丰。战斗结束后，军领导给每个干部发了一块作为零用钱的银圆。时任连党代表的罗荣桓当然也不例外。当时，一块银圆可是了不起的“家当”。罗荣桓小心翼翼地把这块“宝贝”放在上衣口袋里。

两个多月后，又一次战斗打响了。当时敌我双方交战激烈，罗荣桓正准备带领战士们冲锋时，突然感到胸前像是被重重打了一拳。但他来不及多想和仔细查看，便同战士们冲出了阵地。

战斗结束后，罗荣桓才发现，自己的上衣口袋被烧出了一个洞，用手一摸，那块银圆居然还在。

罗荣桓把银圆掏出来摊在手心，回想起方才战斗的情景，仔细一瞧，银圆上有了一个凹坑，不禁恍然大悟：原来敌人射来的子弹正好打在银圆上，才使他幸免于难。

罗荣桓手握那枚还带着他体温的银圆，感慨地说：“亏了它保驾，不然我早就去见阎王了！”

说罢，罗荣桓深情地把那块救命的银圆看了又看，尔后便用一块白布精心包裹起来，放进贴身的衣袋里并将袋口牢牢地扎紧，珍藏在身。

从此，这块银圆就成了罗荣桓须臾不离的伙伴，与他一起南征北战了十多个春秋。震惊中外的西安事变发生后，时任八路军一一五师政治部主任的罗荣桓赴抗日前线离别延安时，将自己的这枚救命银圆交给妻子林月琴，叮嘱她给即将出世的孩子做护身符。

许多年后，每当罗荣桓回忆起这段往事的时候，激动之情依然溢于言表，多次无限深情地说：“这块银圆，不仅救过我的一条命，而且在一定意义上讲，它也是我们党和人民军队艰苦奋斗、舍生忘死、百折不挠、勇往直前的见证，轻易把它用掉，实在是舍不得啊！”

（本文选自《人民政协报》，有删改）

罗荣桓与妻子林月琴

东北抗日英烈苗可秀

文／田　晶

苗可秀烈士

1932年春，东北民众抗日救国会选拔一大批流亡到北京的东北各大中学校学生，分派到各部义勇军中，从事抗日活动。1932年3月，苗可秀被邓铁梅委任为东北民众自卫军总参议，辅佐邓铁梅参赞军务。苗可秀，原名苗克秀，又名苗景墨，字而农，满族，1906年出生在辽宁省本溪县苗家堡子。由于他天资

聪敏，成绩优异，未经考试，即被推荐到东北大学文学院国文系学习。

九一八事变后，东北大学一千余名学生流亡北平。苗可秀得到曾在东北大学任教的北京大学教授林公铎的帮助，开始了在北京大学的借读生活。

东北民众抗日救国会和北平的学生联合组织了东北民众赴南京的请愿团，苗可秀是代表负责人之一。在寄希望于政府当局已成为泡影后，苗可秀逐步与东北民众抗日救国会取得了联系，经常参加救国会的活动，并组织了东北学生军，任学生军大队长。

1932 年 8 月，日军以高官厚禄为诱饵，对民众自卫军指挥邓铁梅、苗可秀进行诱降。为了增加整修部队的时间，苗可秀假意接受敌人的招抚条件，亲自代表民众自卫军与日伪政权进行所谓招抚谈判，组织将前来招抚的六个日伪分子就地枪决。

日伪军为了消灭这支抗日力量，加大了对东北民众自卫军的“讨伐”力度，自卫军受到了很大挫折。1934 年春，东北民众自卫军开始分散游击，部队化整为零。

此间，鉴于过去东北各地义勇军瓦解失败的教训，苗可秀认为主要是义勇军组织松散、目标太大，要想使抗日组织更加坚实有力，必须组织一个秘密团体，培养骨干，长期坚持斗争。于是，苗可秀邀请赵同、赵伟、白君实、刘壮飞等人在岫岩县南三道虎岭的山坡上召开会议。会上决定成立一个新的抗日团体——中国少年铁血军。苗可秀为总司令，赵同为参谋长。铁血军以原来的别动队为基础，又吸收一批邓铁梅部的义勇军里的中、小学生，成立三个大队，十二个分队，一个警卫队。其宗旨是“用黑铁赤血精神，采全民之革命手段，收复东北”。因为参加铁血军的都是具有强烈爱国心的爱国少年，因而战斗力较强，同时深受群众的拥护和爱戴，到 1934 年末已经发展到三百余人。这位文质彬彬的大学生在抗日实践中逐渐成长为一名令敌人闻风丧胆的辽南义勇军杰出领导人。1935 年 2 月 15 日，苗可秀率领三百人行军到猞猁沟（红旗镇境内）稍事休息时，发现伪满洲国军分乘五辆汽车共三百多人来犯，立即下令做好伏击准备。战斗结束后，共缴获步枪五十支、手枪四支、轻机枪一挺、重手提式机枪一挺。

苗可秀在建立少年铁血军的最初一个阶段，对外仍称邓铁梅部的学生大队，并经常协同邓部义勇军作战。1934 年 5 月，邓铁梅被叛徒出卖，苗可秀筹划了营救邓铁梅的行动，由于行动被日军巡逻队发觉而失败。邓铁梅牺牲后，苗可秀对东北民众自卫军余部采取紧急措施加以整顿，对外公开了少年铁血军的番号，开始以铁血军的名义进行活动。由于名声大振，铁血军遂成为日伪军的主要“讨伐”对象。

1935 年 2 月 5 日，苗可秀派所部一小队，乔装市民潜入凤城，并亲率二百余名铁血军战士猛攻县城，里应外合，迅速地攻入城内，逮捕了日军、汉奸多名，将其财产没收，然后退出凤城，沿途散发传单号召人民抗日救国。

1935 年 3 月，敌人聚集近六千人的兵力，扑向岫岩一带。苗可秀率领铁血军避开敌人的主力，沿岫岩、盖平、海城交界一带的山区迂回活动。4 月 21 日下午，队伍来到岫岩北部的汤沟村。苗可秀顾不上行军的劳累，到村里小学召集群众开会，宣传抗日救国的道理。不久，日伪军骑兵两百人闯进汤沟村，苗可秀早已转移。见村内没有义勇军，敌人便就地在两个地主大院里宿营。苗可秀得到情报后，半夜率领铁血军悄悄进入汤沟开始进攻，击毙了日军指挥官，缴获了大批武器。

1935 年 5 月，日伪军共三千余人对三角地区义勇军进行更大规模的“围剿”。铁血军决定化整为零，在山林地带以大队或中队为活动单位分散游击。

在当时的形势下，铁血军在白天活动十分困难，只能在夜里行军。6 月 13 日晚，苗可秀率部由凤城渡大洋河向岫岩方向移动至羊角沟。被汉奸告密，日伪军深夜赶至，与苗可秀发生战斗。在撤退途中，苗可秀臀部被炮弹炸伤。为了不拖累部队，他让战友们先撤，自己和几个负伤战士在山林中养伤。苗可秀的伤势日渐严重，几经周折，他们找到一位医生，但没有药，医生也没有办法，最后医生答应可以帮助进城买点药。不幸的是，这位医生被敌人逮捕，后经不住严刑拷打，说出了苗可秀的藏身地。日伪随即开始大规模搜捕。几位受伤的战士抬着苗可秀迅速转移，但被敌人发现，不幸被捕。

苗可秀被捕后，被敌人押解到凤城，关在车站日本警察署的地下室里。敌人企图诱降苗可秀，都被苗可秀凛然回绝。苗可秀的民族气节感动了日本翻译官前山。他不止一次地向苗可秀表达敬佩之意，还私下对苗可秀说，应抓紧时间给家人朋友写信，如果信任的话，他愿意代为传递。前山果不食言，先后代为转邮了两封书信，其中一封是写给东北民众抗日救国会的王卓然、卢广绩、阎宝航、车向忱等负责人的，另一封是写给同窗好友张亚轩、宋忱（宋黎）的。在信中给儿子起名“苗抗生”，勉励儿子继承父亲遗志，为抗日而战斗终生，还拜托老师收养不知流亡何处的妻儿。他嘱咐同志，为抗战到底“当益努力”，并托他们为他“在西山购置一卧牛之地，为余营一衣冠冢”，并说：“凡国有可庆之事，弟亦当为文告我。”

1935 年 7 月 25 日，苗可秀英勇就义，牺牲时年仅三十岁。

（本文选自人民政协网）

红军唯一的女司令胡筠

文 / 何立波

胡筠这个名字对于今天很多人而言是陌生的，然而胡筠的传奇经历，让她注定不会被历史遗忘。她是黄埔军校生中少有的女杰，享有“神枪手”的称号，令黄埔男生也为之钦佩。她曾担任平江工农革命军司令员，是红军中唯一的女司令。

胡筠1898年2月出生于湖南平江县一户士绅家庭。由于是独生女，极受其父宠爱，从小便获名师启蒙，熟读四书五经。1924年秋，胡筠考入平江县城启明女子学校师范第五班，1925年底加入中国共产党。1926年8月，叶挺的北伐先遣团攻克平江县城，中共平江县委派胡筠到叶挺部队政治处担任宣传工作。她毅然放弃未修完的学业，随一支新组建的宣传队奔赴北伐前线。她写标语，办快报，教军歌，编快板，极大地鼓舞了指战员们的士气。胡筠有时还直接参加前线运输、救护和战斗。攻打天岳关时，她化装成农妇潜入敌后侦察，绘制了一张敌人兵力部署图，然后又领着一个排的兵力，向敌主峰发起进攻。

胡　筠

在北伐军胜利进军湖北汀泗桥后，叶挺在前线指挥所对胡筠说：“湖南省委来电，调你立刻回湘，另有任务。”胡筠回到平江，奉命组织农民自卫军。不久，北伐军收复武汉三镇，当时急需军事干部，县委推荐胡筠报考黄埔军校武汉分校，胡筠于1926年底考入该校，被编入女生队。1927年四一二反革命政变后，黄埔军校武汉分校为了保存革命力量而自行撤销，胡筠奉命回到家乡组织游击队。她购买了几十支步枪、上万发子弹，拉起一支五十多人的队伍，在湘、鄂、赣三省交界处的幕阜山一带打土豪、分田地，建立区乡革命政权。省保安司令部向各地“保安团”“清乡队”发出通令，联合抓捕“女共匪”胡筠，并以十万大洋悬赏购买她的人头。胡筠采用灵活机动的战略战术，发动群众武装起来，给敌人以重创。游击队不断壮大，正式建立了平（江）、湘（阴）、岳（阳）游击纵队。在不到三个月的时间里，胡筠创立了从浏阳至平江的大片根据地，领导了平（江）、湘（阴）、岳（阳）游击纵队，随后游击纵队改编为平江工农革命军，胡筠任司令员。恽代英赶去祝贺，并对胡筠说：“你是红军队伍中唯一的女司令。敌人闻之丧胆，我们却为之欢欣鼓舞。”

1928年7月22日，彭德怀、滕代远领导的平江起义爆发。起义军攻克平江县城，部队随即编为中国工农红军第五军。7月23日，胡筠腰别手枪，骑着白马，率平江县委机关及部队、四乡农民入城，与彭德怀、滕代远会师。这天，整个县城人头攒动，人们争相目睹这位具有传奇色彩的女英雄。随后，胡筠当选平江县第一届工农兵苏维埃政府主席、红五军纵队党代表兼湘鄂赣边特委常委。胡筠英勇善战，指挥作战大胆沉着、灵活多变；战前有周密的部署和充分的准备，战后有详尽的总结；在战斗实践中形成了一套行之有效的游击战术。她的部队终年转战于湘鄂赣三省的幕阜、连云山区，神出鬼没，令敌胆寒。当年国民党军阀何键的《湖南清乡公报》称胡筠部队与彭德怀部队“互相呼应，声势浩大”，“赤焰所播如火燎原”，即便“调集重兵围剿，仍然束手无策，防军亦疲于奔命”。

何长工

原红八军军长何长工后来称赞说：“胡筠很会打游击。她的部队是平江打得最好的，平江的敌人一听说胡筠的部队来了就害怕。”何长工回忆平江一次地方党政军联席会议时说：“胡筠在会上讲话，我怀着极大的兴趣来听她作报告。她的讲话很有吸引力，句句中肯，无一句废话，层次清楚，平易通俗，分析形势很准确。她讲的是平江起义的伟大意义和对湘鄂赣根据地的关系。后来我同胡筠的接触很多，也愿意与她交谈，常跟她谈农会与地方工作的情况。我很佩服她，她在群众中威信很高，很有基层

工作经验。她是平江县主要领导人，也是根据地的创始人。”

1930 年 9 月，中共赣北特委成立，胡筠任省特委副书记兼赣北独立团团长。1931 年春，赣北独立团与修水、铜鼓等县的游击队组成红八师，编入红十六军。1931 年 7 月，原湘鄂赣边特委和鄂东南、赣北、湘北等特委合并成立湘鄂赣省委，胡筠任省委妇女部部长。湘鄂赣边区二十多个县，各级都有妇女组织。妇女干部除参加文化、学校、军械厂、金融、贸易等地方工作外，还有大批青年妇女参加红军，在后勤部门工作的最多。广大妇女动员鼓励自己的丈夫、儿子参加红军，妇女成为农村生产的主角。组织耕田队、抢收队、积肥队，以换工、帮工方式解决烈军属和孤寡户的劳力问题，支援前线战斗等种种后勤重担也都落在妇女肩上。这一期间，胡筠还负责办过党校，在这方面也施展了她的才能。

胡筠是湘鄂赣省委妇女部部长，是一位出色的妇女领导干部。为了更有力地执行省委和省苏维埃的决议，湘鄂赣省委宣传部在万载县创建了一所列宁小学，成立了一支赤色宣传队，由胡筠具体领导。宣传队常常夜以继日地排练节目，胡筠既是编导又是演员，她和队员们一起，创作了大批深受苏区军民喜爱的歌舞节目。

湘鄂赣根据地和胡筠等一大批领导干部的厄运，是王明“左”倾路线的错误肃反政策所造成的。1933 年 10 月，胡筠在万载县小源参加湘鄂赣省第三次工农代表大会期间，被诬为“AB 团”分子，突遭逮捕。胡筠在关押期间，写了数十页纸的《狱中自白》，回顾了自己在党的领导下由一个豪门闺秀成长为党的干部的整个历程，其中写道：“牺牲换人间幸福，奋斗是吾辈生涯。”这是她的崇高理想和信念，也是她留下的遗言。1934 年 1 月，湘鄂赣省委驻地小源被敌占领，胡筠在转移途中被秘密杀害，时年三十六岁。彭德怀听说胡筠的噩耗后十分悲恸，长叹说：“天理难容呀！天理难容！”千秋功罪，自有定论。在 1945 年召开的党的“七大”上，胡筠的冤案终于获得平反昭雪，并被追认为革命烈士。1958 年，彭德怀重返平江时，与陪同的平江县委书记谈到当年的平江起义时，感慨地说：“胡筠是个了不起的人物，很有能力，打仗很勇敢，是个难得的女将。”

（本文选自《解放军报》）

一位抗日母亲的最后选择

文／罗先明

陈若克

1942年5月下旬至6月上旬，由于日军疯狂“扫荡”，中共领导下的太行山抗日根据地进入最困难时期，八路军副总参谋长左权在转移作战中不幸牺牲。日军不知八路军总部已安全转移，继续搜山。

陈若克与朱瑞

崎岖的山道上，怀孕待产的八路军女战士陈若克又累又饿，蹒跚而行。后实在走不动了，便坐下休息，不觉间昏睡过去。待到惊醒，已被日军发觉。日军断定她身份非同一般，将她带至前线司令部。

日酋冈村宁次断定陈若克是共产党高级官员的妻子，便指使宪兵队队长重藤宪文向陈若克套取情报。于是重藤宪文亲自审问已被松绑的陈若克，并假称日军尊重中国妇女，希望诱使陈若克说出自己和孩子的父亲是干什么的。陈若克的回答十分简单而坚定：“抗日的。”重藤宪文以为陈若克松了口，继而问她是否工作于八路军总部机关。此时，陈若克把头一抬，大声回答：“这不关你的事。枪毙我好了，不要废话。”

面对视死如归的陈若克，日军没了办法。决定让其在日本陆军医院产下孩子，再以婴孩为要挟，逼她供出重要情报。陈若克产下孩子不久，重藤宪文便来到病房，故作亲切，赞赏孩子的可爱。面对他的虚伪嘴脸，虚弱的陈若克大喊：“我们母女俩宁愿一起死。”

产子仅二十余日后，陈若克和尚未满月的孩子一起，被带进了日军宪兵司令部。这一次，重藤宪文露出了凶恶的真面目，他命令两名日军宪兵，各端着一支上了刺刀的长枪，一前一后将陈若克夹在中间。宪兵将一柄刺刀对准陈若克的后背，一柄刺刀顶住她怀抱中的婴儿。

哪个母亲不心疼自己的孩子，但面对重藤宪文的威胁，陈若克选择放弃自己和孩子的生命，她没有抓住敌人口中所谓的“最后机会”……在牺牲之前，她依然拼尽全力高呼：“打倒日本法西斯！”

陈若克十岁在上海当童工，十七岁加入中国共产党。后随工厂内迁参加了抗日队伍，巧遇八路军高级将领朱瑞，由恋爱而结婚。她曾任八路军机关直属科科长、中共山东分局妇委会委员，省妇联常委，为抗日做了大量工作。她与不满一个月的女儿惨遭日军杀害时，才刚二十二岁。

（本文选自新华网）

长征中的张思德

文／杜泽洲

张思德油画（中国人民解放军总政治部印制的宣传海报）

长征的时候，我是中央警卫团通信营一连六班班长，张思德是我班里的战士。我与他相处虽只短短一年，但在最危难时刻，他的表现却令我永生难忘。那是在过草地时，许多战友病倒了，张思德原本魁梧的身材也一天天消瘦，但他仍坚持为伤病员背枪，艰难地在泥水没踝的荒草滩上，深一脚浅一脚地走着。最危险的是在草地上露营，有的草皮看起来很平展，但只要在原地多待一会儿，就会使极度疲困的战士陷进泥沼，不能自拔。一天，通信营一排的战士小李不幸陷入泥沼，只见他在泥沼中拼命向上挣扎，眼里淌着泪痛苦地向战友们喊着："救救我，快救救我呀！"有的战士伸手去拉，反而险些也陷进泥沼。眼看着泥沼一点点从小李的大腿没到胸部，大家都很着急却又束手无策。这时，张思德对我说："班长，我有办法，我趴在泥沼

上，你踩在我身上，拉小李的左手，另外两人也像咱们一样拉他的右手，试试看。”说完，张思德毫不犹豫地趴在泥地上，我不忍心踩他的身子，这太危险了，把他踩进去怎么办，我迟疑着立在那儿没动，张思德急了冲我喊道：“班长，快上呀，否则他会没命的！”看着张思德那双急切的目光，我迈出了左脚。在另外两名战士的协助下，奄奄一息的小李终于得救了，浑身是泥的张思德露出了欣慰的笑容，在场的官兵们都为张思德奋不顾身救战友的精神所感动，这件事在部队传为佳话。

在过草地后，更严重的困难出现了，战士们身上带的干粮都吃完了，部队断粮了，饥饿无情地威胁着战友们。为了战胜饥饿，走出困境，北上抗日，首长们把驮文件的马杀了，战士们把牛皮带煮了，没有吃的，便四处挖野菜充饥。野菜成了救命的粮食，但若吃上有毒性的野菜不仅会严重消耗体力，甚至会夺去生命。一天，一名战士采了一兜小蘑菇，张思德怕蘑菇有毒便决定先尝尝。结果，他脸色发青、呕吐、浑身无力，由此，断定此蘑菇具有毒性。他用自己的身体做试验，避免了一起群体中毒事件。

长征胜利后，由于工作调动，我离开了张思德。直到1942年11月，根据加强党中央警卫工作的指示，上级决定将我所在的中央教导大队与军委警卫营合并，成立中央警备团。正式成立那天，我意外地见到了在警卫营一连二排四班当战士的张思德。以后，我在二连任指导员，我们两个连队相距不远，见面时总免不了谈论分别后的情景。张思德说长征结束后，组织上考虑他身体不好，将他送到荣誉军人学校治疗，并在那里加入党组织。病愈后，他又奉军委警卫营的命令，带领全班人员在南泥湾开过荒，在土黄沟烧过木炭。谈起烧木炭，大家都知道那是件既苦又累的技术活，需经过砍伐、打窑、出炭、捆扎、背送等七八道工序。每到冬季来临，要烧大批的木炭保障首长和同志们过冬取暖。望着他那双布满老茧的大手，我动情地说：“你们一定吃了不少苦吧！”张思德却笑着说：“为革命吃点苦是光荣的事！”

1943年初夏的一天，我给连队的战士们刚上完课，就看见张思德背着背包喜气洋洋地迈着大步向我走来，他高兴地来与我辞行：“组织上决定调我到枣园毛主席的内务班当警卫战士，这是组织上对我的信任，我一定要忠实地守卫在主席身边！”兴奋、自豪之情写在了他英俊的脸上，也深深地烙印在我的记忆中。没想到，那次分别竟是我们的永别。

（本文选自《解放军报》）

我们团的半个兵

文／吴　克

1949年初，刚刚打完淮海战役，我们团奉命前往河南永城，那时我任团政治处干事。

一天中午，在永城东二十里铺休整的时候，有娘儿两个来到团部，母亲三十多岁、男孩子十三四岁的样子，一看就是经常挨饿，都又黑又瘦，破衣烂衫，大冬天的，冻得发抖。我们团部炊事班的同志给那娘儿俩拿了几个馍，盛了饭菜。吃完饭，男孩子明显有了精神，就问哪个是首长，他要参军。团长正好在边上，看他还是个大毛孩子，就说部队很苦要经常行军打仗，你们家乡也解放了，还是回家种地去吧。首长话音刚落，男孩子就哭了起来。他娘说孩子想参军很久了，好不容易见到咱们老百姓的部队，不能再错过了，还说他们实在是太苦了，孩子爹病死以后，地主拆了他们的房子，他们就再也没有自己的家了，只好出来讨饭。团长听了这些话，暗暗点了点头，就问男孩："多大了，叫啥名，识字不？"男孩抹了抹眼泪回答说："十四岁了，姓李，只有个小名叫亮亮，没念过书。"男孩口齿倒是很清晰。团长就说："好吧，就收下你了，你到团部通信排当个通信兵。"那孩子高兴极了，一蹦老高，引得在场的人都笑了。通信员给他领来军装，小家伙急急忙忙就穿上了。由于他个子太小，人太瘦，上装穿到身上就到了膝盖，引得大家又笑了一场。团长说，好家伙，你只穿上身就够了，那可不是"半个兵"了吗？从此，团部的人都没有叫他名字的，都叫他"半个兵"。

李亮参军后进步很大，通过几个月的学习培训，很快掌握了通信技术，成

了一名合格的通信战士。

1949年4月，打过长江以后，我团奉命追击国民党部队到了浙江省金华县。金华县城的敌军负隅顽抗，火力很猛，我团发动两次进攻都没有拿下。团长亲自到一线前沿阵地指挥，准备发动一次全线进攻。正在这个紧要关头，通信线路突然不通了。团长命令通信排要在最短的时间内接通线路。于是通信兵都背上器材跑出去排查线路。前沿指挥所通往半山腰的一段线路上，敌人的火力最猛。上去两个通信兵，一个牺牲，一个受了重伤，伤员还没撤下来，李亮就冲了上去。在敌人的炮火中，李亮瘦小的身影忽明忽暗，很快到了半山腰，突然一颗炸弹在他身边炸响，看得我们非常紧张。当硝烟过后，又见到他弯起身子一瘸一扭地跑动起来。城里的敌军也发现了他，密集的炮火向他袭去，接着就再也不见了他的身影。我们都在为这个小战友痛心的时候，通信员报告线路通了，团长下达了总进攻命令。攻击号吹响，我们都投入了战斗，全团密切配合，很快就拿下了金华县城。

清理战场的时候，团长想起了他的“半个兵”，忙派人去找。不一会儿，通信排的战士把李亮搀扶了过来，他的胳膊和腿上都缠了绷带，虽然受伤不轻，但是精神头格外高涨。原来，他在敌人炸弹的弹坑中发现了被炸断的通信电线，他忍受着伤痛，躲在弹坑中接好了线路，为部队总进攻赢得了时间。

在全团的表彰大会上，李亮荣立二等功。“半个兵”，好样的！

（本文选自《皖北晨刊》）

一个人的地下“报馆”

文 / 马识途

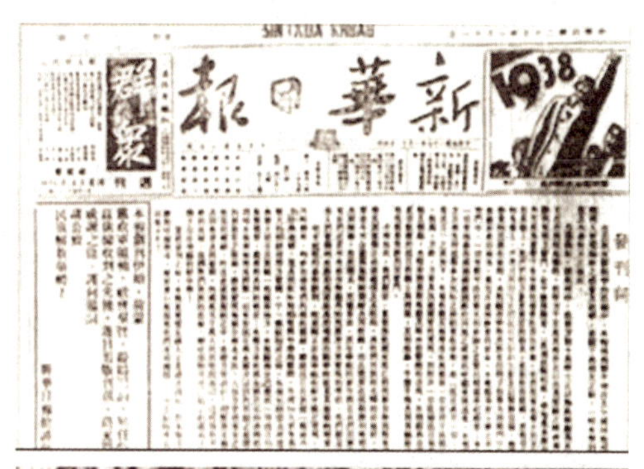

新華日報

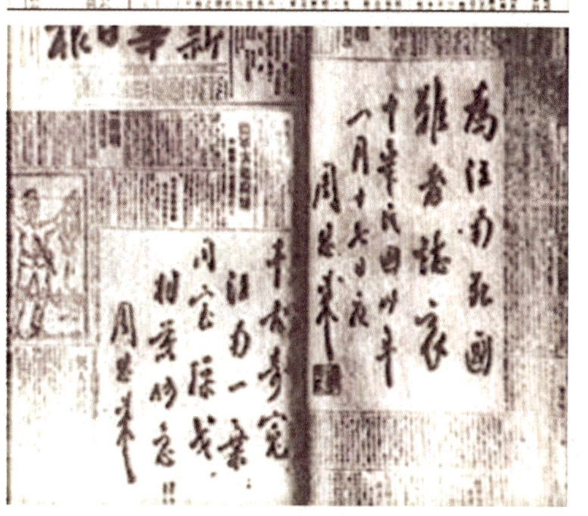

為江南死國難者誌哀
中華民國卅年一月十八日夜
周恩來

千古奇冤
江南一葉
同室操戈
相煎何急!!
周恩來

《新华日报》是抗日战争时期乃至解放战争初期，中国共产党在国民党统治区公开出版发行的唯一党报

1947 年初，蒋介石悍然发动全面内战，强迫驻重庆的以吴玉章为首的中共四川省委机关撤退回延安。其机关报《新华日报》被查封，人员也一起全部被遣送回延安。四川人民一下子陷入了黎明前的黑暗。

《新华日报》在当时蒋管区，犹如屹立在黑暗中的灯塔，给人民带来温暖和光明。现在忽然被查封了，大家再也听不到解放区人民斗争胜利的消息，我们坚持在蒋管区进行斗争的共产党人，也一下子得不到革命斗争的指南，好像心灵的窗户一下子被关闭了，这怎么受得了呢？

我们决定马上筹办一张小报，把《新华日报》这个阵地在成都保持下去。办法就是每天用收音机收听和记录延安新华广播电台的电稿，油印出来，通过地下党的各种渠道，散发到党组织和进步群众中去。

障碍重重

成都工委决定由我来领导和筹办这份报纸。我们马上从四川大学党组织调出王放来具体负责筹办。这当然是一件极机密又极危险而且十分辛苦的工作。我和王放谈话，她不害怕有生命危险，欣然同意搬到我们的机关来，开始筹备。

筹备工作的第一个必不可少的条件就是要有一部比较好的能够接收延安广播的短波收音机。我们没有，问过许多党员，一部像样的收音机也没有。街上无线电商店里倒是有卖，只要有钱，去买一部回来，不就行了吗？不行。我们从内线情报得知，国民党就怕群众收听延安广播，特务非常注意这些无线电商店，谁买了收音机，他们都要跟踪调查。有的无线电商店就是国民党特务开的，专门用来“钓鱼”的。而且即使能买到，也没有用。因为国民党特务下命令，所有的五灯以上的中短波收音机，都要登记，短波线圈一律剪掉。

没有收音机，我们就面临一个不可逾越的障碍了。

我对书记老蒲提出这个困难，老蒲终于想出了办法，他去找当时任国民党成都市市长、和我党有密切关系的陈离先生，陈市长慷慨捐赠了他自己家里的收音机。老蒲当即抱了回来交给我们。我一看这倒是一部好收音机，插上电插头一听，中波收得很好，那美妙的音乐听来是动人的，但是一转到短波段，便什么也收不到。我打开一看，短波线圈也被剪掉了。原来陈市长也是在街上无线电商店里买的，这根本收不到延安那十分微弱的短波讯号。问题还是没有解决。

我忽然想起来，1941 年南方局曾经给了成都党组织一个隐蔽电台，存放在王宇光家里，一直没有启用。我到成都以后，王宇光就把它提过来交给我。我把它放在堆杂物的旧房里，也一直没有用过，也没有人会用。现在我们走投无路，我便去旧房里把这部收发报机找出来，接上电试试，声息俱无，早已成为废品，只剩下一堆元器件。我把这些东西交给王放，要她设法利用起来，重新组装成一个短波收音机。但是王放在大学是学历史的，根本不懂得无线电这一套，看到那一堆元器件，无可奈何。

我凭我在中央大学学过工程的几乎忘光了的一点理科知识，按着无线电书本，自己来试装一部三管再生式短波收音机。在小桌上乱放着的元器件，拉着杂乱的漆包线，王放不相信这样能收音，而且能收到遥远的延安的声音。我们分几次在街上几个不同的卖干电池的商店买了几打一号电池，串联起来组成 B 电池。我们偷偷地在屋后的树上，挂上一根用几根电灯线剥出来的铜线绞起来做成的天线，引入室内，接上天线插口。

深夜，我们把我重新装成的收音机接上 A、B 电池，然后转动旋钮，试着接收延安的电讯。哎，居然听到了许多“嗒嗒嗒”的电报键码声，可是没有话语广播声音。我把短波线圈照着书上说的做成适应不同波段的插入式线圈，一个一个地试收。有门！居然试听到声音了。我们高兴得不得了。但是试收了几乎一晚上，始终没有收到延安广播的声音。大概是延安发出的讯号实在太弱了，在成都无法收到。

后一晚，我们再试，弄到半夜，还是收不到。我弄得筋疲力尽，第二天我还要到学校上课，只得睡了。王放却不死心，她坚持试收。

我睡得正熟，她忽然把我推醒，小声地叫："收到了，收到了。"我马上爬起来，抓上耳机一听，嘿，真是延安发出的一个女高音。她正在播战报："我军坚决、彻底、干净地消灭国民党的……"接着就听到一片"啵啵啵"的电报声，再也听不到女高音了，再怎么拨也收不到。但是我们很高兴，我们到底还是听到了延安的声音。这给我们带来了希望。

终于听到延安的声音

我们决定正规地来组装一部多管的收音机。可是我的无线电知识实在有限，照书本说的怎么搞也搞不通。于是王放决定自己去找教师学习无线电。那时倒是有招收学生的无线电夜课学校，王放想去报名。但是从内线得到的消息，有许多这样的学校，其实是国民党特务或者是国民党的通讯社办来培养无线电收发报务员的。情况复杂，不敢去沾惹。王放辗转设法，终于通过进步关系，找到了一个国民党的市广播台的技术员愿意教她。王放便每星期花三个晚上，到那个技术员家里去学习无线电知识。

真是皇天不负苦心人，王放经过艰苦的努力，居然一个月速成，学好了专门组装一部多管再生式短波收音机的本事。

她把我们原来的元件都搬出来挑选，还缺少一些元器件。可是我们不敢到街上的无线电商店里去买。结果还是王放多拿钱托她的技术员老师，从广播台的渠道才买到了。王放一个人在家里埋头苦干，终于组装成一部短波收音机，不是像我那样乱七八糟地凑合装的样子，而是比较正规、成型的装在木盒里的收音机，颇像模像样了。王放说，科学的东西是不能凑合的，要求严格和精细。

她装成收音机后，接入经过她做了些改进的天线，插上电池组。她扭动旋钮，几乎是直指延安的电台，马上就听到我们曾经听到过后来却再也无法听到的女高音。还是在播战报，还是华北打胜仗的消息。那声音是那样的清楚、高亢和坚决。

王放为她的成功而低声欢叫："成功了，成功了！"

我也忘乎其形地把王放抱住，低声叫起来："我们又打胜仗了！"王放似乎也和我一样兴奋，没有在乎我拥抱她的激动行为。

我说："好，记下来，记下来。"王放马上在她早已准备好的笔记本上记录起来，记得是那样迅速和流利。

我把我们早已准备好的油印机以及钢板、蜡纸、铁笔都找了出来。刻蜡纸可是我的拿手好戏，我会刻仿宋体的蝇头小字。我花了半夜功夫，终于刻好一张蜡纸，可以油印了。但是我们这张报纸叫什么名字好呢？我马上想到，而王放也几乎和我同时想到，并且同时叫出来："XNCR！"对，就是这个名字，延安新华广播电台的呼号。

一个人的地下报馆

于是，一张名为"XNCR"的红色报纸出版了。这张报纸就像在黑暗中的蒋管区的一座灯塔，不断地印出了打胜仗的战报，登载解放区情况和中央的一些文件、评论，包括毛主席的以新华社发言人身份发表的声明和文章。报纸大概三天一期，有时还加印号外，报告大胜仗。但谁能想到，办这张报纸的就只有一个人。

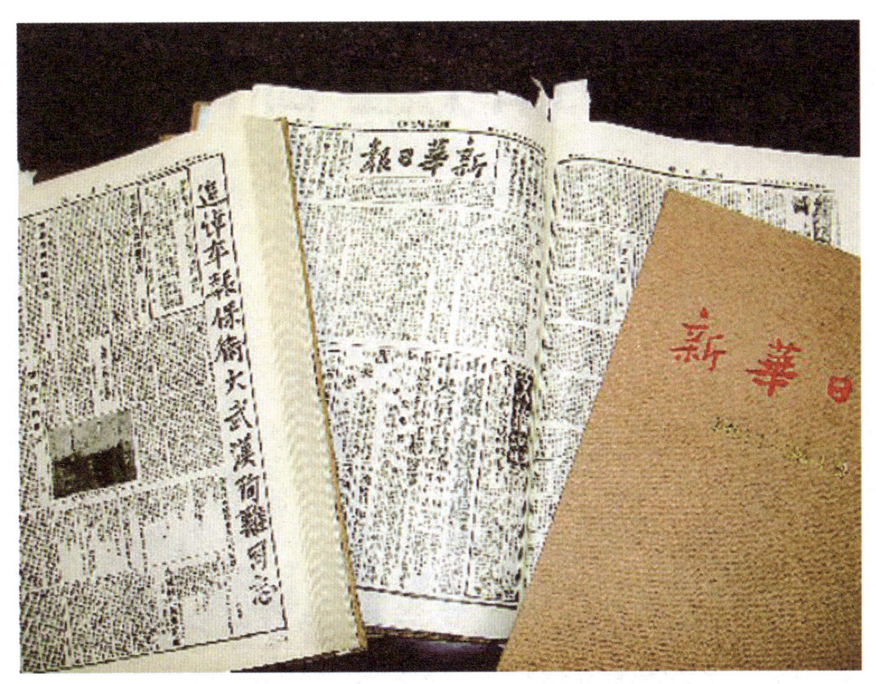

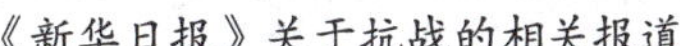
《新华日报》关于抗战的相关报道

这个人就是王放，一名默默无闻的女共产党人。就是她一个人包揽了安装短波收音机，收听记录延安广播，刻写蜡纸、油印和拿出去分发的全部工作，也就是集编辑、记者、排版、印刷、发行工作于一身。而且她还要负责筹集经费，为此她把她家里寄来的生活费也贴进去了。她的整个“报馆”就设在一间阴暗的破房里，用箱柜隔起来的一个不足三平方米的阴暗空间，最主要的设备就是一架收音机和一部油印机。后来她嫌买来的油印机体积过大，不好收藏，而且操作起来有“吱嘎”的声音，就决定自己设计一种极简便的油印办法，在绒布上涂上油墨，压上蜡纸，盖上纸张，翻转来印，不出声音，既快又好，还可套色。收拾时，卷起绒布就行了。

从此不管冬冷夏热，王放每天晚上就蛰伏在那屋角，打开收音机，在那茫茫的黑暗的天空中，在那嘈杂的干扰声中，去捕捉微弱的电波，把它们记录下来，并且马上整理，动手编辑，刻写蜡纸，进行油印。总要弄到天快亮了，才把小收音机和刻写、印刷工具收拾进墙上的砖洞里。然后把一摞油印小报卷起来，放进提包，在上午提起提包出去分发。这一切她都做得那么从容和沉着，她知道，一点点疏忽都可能带来杀身之祸。她每天提起提包出去前，总要做个交代，说可能晚上就不能回来了。她一直都是看起来满不在乎，其实十分机警地工作着。她知道每一条解放战场的胜利消息，都将给黑暗带来曙光，给人民带来希望。

就这样，源源不断的胜利消息，送到地下党员和群众的手里……

（本文选自《红岩春秋》，有删节）

我所经历的上甘岭战役

文／邓洪顺

上甘岭是朝鲜中部的门户和战略要地。图为上甘岭全貌

在板门店和谈前，上甘岭是敌我分界线的制高点，谁要占领这一有利地形，谁就有可能在军事上取得主动，从而取得谈判桌上的优势，因此上甘岭成为双方争夺的焦点。于是，在一个多月的争夺战中，双方都付出了巨大的代价。（注：上甘岭是一个村庄，坐落在五圣山上。）

1952年10月，我所在的十二军奉命开赴五圣山地区，参加保卫五圣山战斗。

当我们赶到五圣山区域时，先已参战的第十五军四十五师，在五圣山阵地上甘岭西南角的597.9高地和东南角的537.7高地已与敌展开激烈的阵地争夺战，并歼敌七千余人，我军也付出了三千多人的代价。黄继光的英雄事迹就发生在这里。

11月6日，三兵团命令十二军接替十五军的防务，由十二军副军长李德生统一指挥三十一、三十四、三十五三个师，执行五圣山地区的反击作战。

11月17日，指挥部命令三十四师一〇六团投入战斗。该团以两个连的兵力，协同三十一师三十九团，在强大的炮火支援下，一举夺回了537.7高地。上级给一〇六团的任务是：收复阵地，坚决固守537.7高地！

敌人于18日凌晨5时25分，开始向我阵地进行炮火覆盖，紧接着向我北山阵地发起攻击。一天十九次进攻均被击退，歼敌五百多人，我军伤亡一百四十六人。

11月18日夜，我一〇六团投入五个连进行多次突击，虽然歼敌数百人，自己也伤亡一百二十多人。照这样打下去，再有一个星期，人就打光了，阵地

上甘岭战役中，志愿军某部前线指挥所

退守坑道内的志愿军某部，组织小型突击，杀伤敌人

也保不住。吴团长和于政委研究后提出：总结经验，创新打法，消灭敌人，坚守阵地。经研究决定，由后向前筑起小坑道、交通沟、猫耳洞、野战掩体等配套工事，利用掩体作战，尽量减少伤亡。

此后，敌人向我方阵地发起数十次进攻，因我方有工事依托，用兵灵活，步炮协同密切，歼敌一千多人，敌我伤亡比例从前三天的 2:1 下降为 4:1。这样一来，增强了全团上下固守阵地的决心和信心。

12 月 3 日，刚换防上来的南朝鲜第九师发动了一次最大的攻势。他们以一百多门大炮猛轰我前沿阵地，同时出动飞机两百多架次持续轰炸，炮火持续两个多小时，计有三万余发炮弹落在我阵地上。紧接着，一个多营的敌兵力分四路向我北山阵地扑上来。敌人炮火虽然猛烈，但我军已改变战术，阵地上只留下很少兵力监视敌人。面对出击的南朝鲜步兵，我警戒组一面以步话机呼叫炮兵拦阻，一面向地道内的指挥员报告敌人的动向和距离。当敌群进入我近战兵器杀伤范围时，我军士兵跃上阵地猛烈开火，给敌以歼灭性杀伤。像这样连续打退敌人多次冲锋，敌在阵地前留下了两百多具尸体，我军仅伤八人。

一〇六团在上甘岭战役中坚守阵地二十八个昼夜，山头阵地被敌炮火削低了一米多，地面土层不知被炸翻多少遍。我们打退敌人一百三十多次进攻，歼敌四千一百多人，俘敌七人，伤亡一千二百六十八人。

战役结束后，上级嘉奖该团：“打得好，打得妙，打得顽强，打出了中国军人的威风！”

（本文选自《皖北晨刊》）

1952 年 11 月 25 日，上甘岭战役以歼敌两万五千余人而胜利结束。图为志愿军战士在上甘岭阵地上欢呼胜利

鲁艺美术部生活剪影

文/华君武

华君武

我写了以下一些片段回忆，给有的同志看了，说是还有一点意思。从这些生活片段里看到，尽管当时延安物质条件是艰苦的，但是为了一个共同的目标，大家充满了革命的乐观主义。但也有的同志说，延安文艺座谈会前后的一些变化不可以写吗？我想其他的文章里会写这些大事情的，但是恐怕没有人会写这些小事情，所以还是写出来请一些当年不在延安的同志看看。

夜宵糨糊

延安的生活是比较艰苦的，之所以说比较艰苦，是因为前方的生活比延安还要艰苦，延安三餐起码都有小米饭、萝卜土豆吃，逢年过节还要改善生活会餐一顿。我们刚到延安，身上都没有钱了，晚上去参加晚会回来，肚子饿了，又没有吃的，刚好白天糊窑洞的纸窗户剩下的半碗糨糊（这是白天总务科发的面粉），拿来吃了。几十年过去了，似乎还能回忆起那碗糨糊的美味，当然，这并不是说经常有糨糊可做夜宵的。

开荒龙摆尾

1941 年，毛主席号召大生产、丰衣足食。全体鲁艺师生，身体弱的纺线织毛衣，身体好的上山开荒。天还没亮就扛着锄头上山，收割时期背着谷子下山。很多从“国统区”来的同志，从来没有劳动过，大家情绪很高，手上都打出了血泡，但是没有人叫苦。开荒就是挖地，大家排成一线就叫“龙摆尾”。大家一齐上，也叫“两勤夹一懒，想懒不得懒”，你在集体里，也不甘心落后，一会儿就开了一大片。哨声一响，喝水、抽烟，有的人把衣服都脱掉，躺在地边休息。我们有的人还被选为鲁艺的生产模范。

游泳和溜冰

鲁艺搬到桥儿沟，还是离延河不远，天气热了，我们就到延河里去游泳。我和戏剧系的李诃同志去游泳，他水性较好，但失诸冒失，未知深浅，就从高处跳下，一头扎在河床上，当时就抬到柳林店的和平医院抢救，结果末梢神经受损，引起他以后的残废和不幸。

延安是欢乐的，我们当时都是青年人想着办法来玩。冬天延河结了冰，就想去溜冰，许多从北京去的学生就有想法要打冰刀。打冰刀的钢是去找日本帝国主义轰炸延安时的碎弹片，画了样子交给南关铁匠店去打的。没有冰鞋，就把冰刀钉在一块做成像鞋底一样的木板上，再用绑腿捆在布鞋上。脚痛得要命（可以想象缠脚的痛苦），但还溜得高高兴兴。此中老手是戏剧系的于亚伦，即电影演员于兰的哥哥。

1928 年延安鲁艺文艺学院旧址

赢了喝酒

延安只有在逢年过节或者发了津贴（我们的津贴只够买四两白酒、一只猪蹄、两包旱烟）才能喝点酒。会餐喝酒，本来是划拳输的喝酒，因为酒少，所以改为赢了才能喝酒，这也是延安的一种创造发明。延安当时的小商贩，卖酒都做些手脚，酒里掺水、鸽子粪（据说易头晕，就以为酒浓）、石灰（使人感到酒烈），这些都不管他了。喝了酒也发酒疯，我就拉住冼星海同志，不让他去城里指挥音乐晚会。

马粪烟

大家都见过晒干了的马粪，其实都是经过发酵的干草。延安有一种山西曲沃来的旱烟，也很像马粪，因此称为“马粪烟”，扁方形的小纸包，在当时还算是高级烟哩。朱吾石（米谷）自己雕了个烟斗抽旱烟。某次连天下雨，下山不易，他旱烟吸完了，也没有钱买烟，犯了烟瘾。我和焦心河下山，路过一个马棚，两人使了坏，拿了点干马粪上山，骗他是从别人那里要来的一点旱烟。米谷大喜，猛猛地抽了几口。其实真的马粪烟也是掺了许多草的，所以他也不辨真伪。事后当然也告诉了他，不免挨了他一顿骂。

小菜园

在西山美术工场，我和古元住在一起。我们在半山合种了一块小菜地，种着葱、蒜、辣椒、番茄、萝卜、圆白菜。那时偶尔也有一点稿费，这在当时就是非常特殊了，可以买点羊腰子和羊油，羊腰炒蔬菜是我们当时的小锅菜。当时还有一种美味，买来一根羊脊椎骨，加上萝卜、番茄、圆白菜一锅杂烩。大家围着吃菜喝汤。现在中央戏剧学院的安林同志就是名厨，他不但做得好吃，而且特别能吃菜，我们称他为“菜虎”。

当时我们年轻调皮，有时把点油灯的清油也拿来炒小米饭吃，总务科发现了就在油里滴点煤油，不声不响地制止了。

胡蛮戒烟和改名

胡蛮同志是1939年从苏联回到延安的，我们都很尊重他，他也向我们报告苏联的美术。他那时吸烟斗，并且还有一个装烟丝的橡胶烟荷包，在当时自然是十分了不起的。胡蛮同志当时住在东山，和我们西山遥遥相对。某天，我们看到他在窑洞门口的半山草丛里找东西的样子。事后别人告诉我说，他前一天决心戒烟，把烟斗和烟荷包都摔到山下，以示决心。没想到，第二天烟瘾犯了，顾不

鲁艺的音乐系和戏剧系旧址

得面子，又到山下找回了他的烟具。胡蛮同志喜欢不断改姓换名，他在去苏联以前原名王钧初，因为表示革命就也用“苦力”，又用“罗思”（列宁在《党的组织和党的文学》中说，文学事业应当成为无产阶级事业的一部分，比喻为齿轮和螺丝钉的关系。“罗思”即螺丝钉之意）。他从苏联回来时用的名字叫王洪。延安文艺座谈会以后他又改成了旺红，当时钟敬之同志说这个名字不像男人的名字，他又取名胡蛮。未几，胡宗南进攻边区，延安《解放日报》社论批评国民党，称胡宗南为“胡蛮”。胡蛮同志大概着急了，又改成了枯曼，并且还解释，这是外语中“人道”的意思。胡蛮同志进了城就再也没有改名了。当时有些同志改名，也是表示革命的意思，只是他改的次数多一些。

马达花园

马达同志是左翼时期的版画家，他在延安时是鲁艺的教员。他在他住的窑洞的里面和外面都做了土沙发，用土垒起沙发的形状，再用湿土糊上后抹光，还铺上一些破羊皮，这在当时是很了不起的。窑洞的木柱上还刻着鲁迅的语录，门外也做了沙发、花坛，因此大家都称为“马达花园”。茅盾同志在延安时还夸过马达花园。

对外宣传

那时，延安受到国民党严密封锁，重兵包围，向外宣传我们的艺术，几乎是不可能的。但是到1944年，由于当时的政治形势和统一战线，美军也有一个观察组住在延安。我们利用这个关系，向美国介绍了延安鲁艺的木刻。当时由蔡若虹同志和我来主其事，请鲁艺美术系的木刻作者古元、彦涵、力群、胡一川、罗工柳、焦心河、夏风、郭钧等，都拓印自己的作品，然后由我们贴衬纸（极粗的有色彩的马兰草纸），糊纸袋，把木刻装成一袋一袋的，上边还用毛笔写了中文和英文。当年我们通过美军观察组带去美国的木刻封袋，后来由一位美国友好人士又带回来了，现在实物放在中国历史博物馆，时隔多年，也是一件革命艺术历史文物了。

马蒂斯之争

说实话，延安鲁艺的图书馆，藏书是不多的，美术方面的书籍、画册就更少了。我记得胡蛮同志当时从苏联带回来一些单页印刷品，就视若珍宝了。

焦心河同志似乎没有受过什么专业训练，但是他是一个很有艺术才华的同志。他后来曾经想从事文学创作，可惜抗日战争胜利后牺牲了，否则他也许已成为作家了。这点并不奇怪。作家华山原先也是搞木刻的，他和我都在鲁艺美术工场工作。庄言同志是扬州人，抗日战争全面爆发后也辗转到山西二战区，后来也到延安鲁艺，也在美术工场。他们两人当时都画了一些田园风景的水彩画，我记得其中有一幅是紫色调子的荞麦田，现在想来作为一种练习并无不可。

从前方回来的搞文艺的同志，他们在前方确实是斗争尖锐、频繁，可以说是十分艰苦。例如木刻作者陈九同志就是在前方战斗中牺牲的。他们回到延安，看到一些同志还在画田园风景，玩弄色彩，就不免有些不顺眼，因此就爆发了一次“马蒂斯之争”。批评者认为是一种错误的倾向，罗工柳同志就是其中比较激烈的一位。

王朝闻的“开天窗”和花茶

王朝闻同志原来是学雕塑的，用他

自己的话说是捏泥菩萨的。但是在延安鲁艺，当时要有一间做雕塑，还要有天窗的房子谈何容易。美术系要盖一间可以画素描的画室，还是由王曼硕同志带了学生上山砍了树木，运回来自己动手兴建的。既要开天窗，就必然要玻璃。哪里来的玻璃？当时许多负责同志住的窑洞，窗户还是用纸糊的。王朝闻无可奈何，只好空喊天窗，发发牢骚。没有天窗，克服困难，也做雕塑。现在大家看到的《毛泽东选集》上的毛主席的浮雕像，就是他在延安创作的。

延安从来没有茶喝，用自己的瓦盆（既是饭碗，又是水碗）在伙房里舀些开水放着，渴了就喝。那时如果有个搪瓷杯子就是奇迹，一般是没有的。王朝闻忽然发明采集酸枣树的嫩芽来焙制“茶”叶。酸枣树漫山遍野都是，于是有一阵，大家都喝起“茶”来。后来又有人在里面加入后山采集来的野蔷薇，就变成“花茶”了。

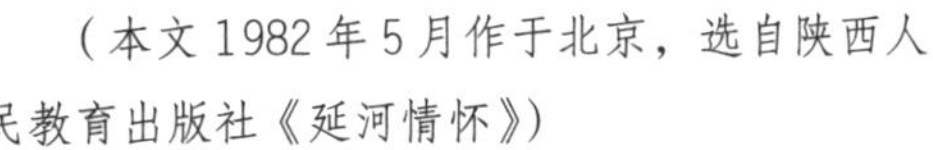

（本文1982年5月作于北京，选自陕西人民教育出版社《延河情怀》）

王朝闻

“迷人洞”里的抗日枪声

口述／吴清芬　整理／傅人意

1939年2月10日，正是太阳快要下山的时候。海口石山镇玉荣村里，几个小孩正在大榕树下玩耍，大树边上拴着的老黄牛正埋头吃草，偶尔蹭蹭腿、摇摇尾巴。这似乎是再寻常不过的一天。

然而，就在这一天，日军从海口天尾港强行登陆海南岛。“日本鬼子来了，又烧房子又杀人，大家快跑啊！”四周逃难的村民纷纷涌入羊山地区，边跑边喊。苦难很快波及了玉荣村。

昌平婆跑丢了日军起疑心

玉荣村坐落在海南岛的西北部，距秀英港十千米，距老城东水港七千米。它与绕城高速公路擦肩而过，是羊山地区的边缘，也是西部进入羊山地区的必经之地。

1939年2月10日，周边涌入玉荣村的村民让原本并不大的村庄变得闹哄哄。

“阿爸、阿妈这时从屋里跑出来‘抓’我，其他人也来找小孩，十分混乱。”当时年仅四岁的吴清芬还不知道发生了什么，只能紧紧地拽着妈妈的手跟在后边跑。此时，突然有一个声音高喊“快进地洞”，村民便相继往榕树旁五百米处的地洞跑去。

地洞的入口就在玉荣村的西面。入口处杂草丛生，若躲进去后盖上石头再撒些红泥土，加上原本茂密的榕树枝丫掩映，从外面看不出“内里乾坤”。

但是，行踪还是败露了。村里六十多岁的昌平婆因为跑得慢，被日军发现了，追着追着，昌平婆竟突然消失了，这就让日军起了疑心。

原来，昌平婆和全村上下九十多个人就躲在这个被村民们称为“迷人洞”的小山洞里。当然，如果没有昌平婆这

迷人洞入口

迷人洞洞口狭小，仅有五六十厘米宽，周边杂草丛生，十分隐蔽

个意外，或许就没有后来村民与日军的正面交锋。

单响长枪勇杀敌

如此隐蔽的地洞，让当时尚未熟悉地形的日军费了不少劲。

进村的日本小分队大概有三十人左右，从傍晚5点左右进村，到晚上八九点才找到洞口。一开始，日本人抓住本地的带路农民向洞里喊话，企图让村民们都出来，但村民按兵不动。紧接着，日军便将洞口炸开，用机枪向洞内扫射，但仍不起作用。于是他们又向洞里投射了大量的手榴弹，烟火滚滚，呛得洞里的村民喘不过气来。

此时，洞里的村民仅持有四支汉阳兵工厂制造的单响长枪，面对洞外日本兵的炮枪弹药可谓实力悬殊。村里有个叫吴坤成的长辈，也正是此人在关键时刻让村民们躲进地洞。

吴坤成当时大概五六十岁，个子不高，但是在村里说话很有分量。面对这样的形势，吴坤成发话："兵分两站，每站四人，每两人一支枪，坚持防守，如果他们进洞就打。"

果不其然，正当日本兵轮番轰炸仍然不见动静时，在洞口的西侧，透过石头空隙监测敌人的吴坤成发现，有一个探头探脑进来的身影。"打！"吴坤成一声令下，原本时好时坏的单响长枪此刻发挥了作用，探身进来的人倒在了血泊里。吴坤成很快让原本在洞口西侧的第一分队往洞内撤兵，躲到洞口东侧。

不久，又有五个日本兵进入洞里"大厅"处，用手电筒四处乱照。敌人在明，村民在暗，又是一个有利射击的机会。这时吴坤成大喊："打！"于是四支枪同时打响，结果打倒了两个日本兵，其他日本兵赶忙向洞口爬去。

玉荣村完了？无一人伤亡

中枪的两个日本兵中，有一个是小分队队长。日本兵群龙无首，加上当时羊山地区国民党兵也不时地从火山口、一字岭等处放冷枪，给日军以错觉，因怕遭围攻，于是连忙收兵撤退。但是撤退之前，日本兵再一次将大量的手榴弹投入洞里，并用几块大石头将洞口堵住。

附近的村民以为玉荣村完了。后来发现玉荣村的村民被困在洞里，便赶紧把大石头撬开，幸运的是，玉荣村村民无一伤亡。

从洞口出来后，已是凌晨四五点。很多村民已经被吓得无法站立，但更让人害怕的是，一出来便听到"噼里啪啦"的声响，放眼望去，村里所有的房屋全被熊熊大火淹没。玉荣村的村民开始了再一次的逃亡。

大约过了几个月后，日军发放"良民证"，不少村民再次回到玉荣村。此时，日军发起了第二次"围村"，在村子的路口处架起了机枪。在大榕树下，日军让翻译员令村民双手抱头、背靠日军蹲下，并撂下狠话："迷人洞已经放了毒气，任何人都不许再进去。"

这个故事，村民们代代相传，玉荣村和周边的村民都将其称为"海南农民抗日第一枪"。这一抹红色的记忆已过经年，却存留在玉荣村老少村民的记忆里，刻骨铭心。

（本文选自《海南日报》，有删改）

我的父亲冯占海

文／冯树棠

冯占海

我出生的年代正是抗日战争烽烟四起的时候。从我记事起，一直到抗战结束，父亲和家人都是聚少离多。从母亲那里我们得知，父亲生于1899年农历十一月六日，辽宁省义县人。他幼年丧父，家境贫寒，仅读私塾八个月，就给人家去放猪，直到十八岁去沈阳投军。

从军后，父亲先在其姨父张作相身边当勤务兵，后被送往东北讲武堂深造。毕业后历任东北军排长、连长、营长等职。1924年，张作相出任东北边防军驻吉副司令兼省政府主席，调父亲任驻吉副司令长官公署卫队团少校营长，不久升任中校承启官，后又升任卫队团上校团长。

在我孩童时代的记忆里，父亲给我唯一的印象是骑马挎枪一身戎装，人也是一脸严肃不苟言笑。现在回想起来，那时的父亲为国为家为我们这个民族，承担了多大的压力啊！当时恰逢九一八事变，张作相回锦州治理父丧，把军政大权交由参谋长熙洽代理。日军侵占长春后，熙洽立即派亲信携密函去长春面见日军多门师团长，表示甘愿投降。他先是以副司令长官名义，命令驻吉林省各部队避免与日军冲突，接着又命令省城驻军开出省城外数十里待命。在省城完全撤除防务的情况下，熙洽拱手把吉林让给了日本人。

当我父亲得知日军得熙逆之助，毫不费力占领吉林时，立即召开军事会议，决定渡过松花江进入吉林北部地区与日伪军作战。熙洽闻知消息后，接连三次派员到官马山劝降，诱以高官厚禄，胁以抄家进剿，都遭到严词拒绝。父亲向全国发出抗日讨逆通电，率部渡江北上。

这一年的11月初，张作相由锦州发电，电告吉林省军政人员以熙洽叛国，勿听信伪命，并示以设立吉林临时省政府于宾县，委前省府委员诚允代理临时省政府主席，委冯占海为吉林省警备司令兼第一旅旅长。在宣誓就职后，我父亲将所部卫队团和沿途吸收的爱国群众，以及收编的宫长海、姚秉乾等抗日义勇军，共一万五千余人，编成吉林省警备军转战于吉北地区。

1932年1月，父亲会同东北军第二十四旅旅长兼依兰镇守使李杜，联合驻守哈尔滨及其附近的东北军，在上号、三棵树、南岗等地歼灭大量敌人，给日军以很大震动。哈尔滨市举行了祝捷大会，决定联合组成吉林自卫军，公推李杜为总司令、冯占海为副司令兼右路总指挥。4月中旬，自卫军兵分三路反攻哈尔滨。冯占海率部从依兰以西地区出发，攻克方正后又新编三个旅，收复会发恒一役几乎生擒伪军最高头领于琛澂。6月初，我父亲在宾县召开军事会议，决定将所部自卫军改名为吉林抗日义勇军，部队计五万余人。

之后，我父亲领兵转战吉哈地区，歼灭大批日伪军，收复了一些失地，有力地打击了日军的侵略气焰，受到东北民众的称赞。当时社会上流传着“一马占山二马占海，山海关外翻江闹海”的赞语。“二马占海”说的就是父亲。

父亲在东北抗敌四处转战，我和母亲一直过着颠沛流离的生活。我们先是在北平昌平的姥姥家生活了一段时间，后来又躲到天津的法租界，和一直生病的祖母一起生活。在那段日子里，母亲告诉我不许说姓冯，不能让别人知道我是冯占海的儿子。在外人看来，我们就是一对伺候病人的佣人。这样的日子持续了许久，既见不到父亲的面，也没有他的消息，就连祖母去世，都是我这个当孙子的给她摔的灵盆。尽管如此，后来还是走漏了消息。有日本人找到我们，威逼母亲给父亲写信，劝他投靠日本人，并许以高官和送我出国留学，都遭到母亲的拒绝。后来多亏了张作相和一个通晓日语的表叔出来说话，日本人才没敢加害于我们。

因为一直过着分离的生活，我只知道有个抗日英雄的父亲，却很少知道实际生活中的父亲形象。而许多有关父亲的情况，也都是后来才知道的。1933年1月，张学良将军将部队改编为国民革命军第六十三军，委我父亲为中将军长兼九十一师师长，随即参加热河保卫战。5月，冯玉祥将军成立察哈尔抗日同盟军，将冯占海部队编为抗日同盟军第四路军，我父亲任总指挥，并参加了长城抗战。1936年，蒋介石又以兵额不足，撤销了六十三军的番号，只保留其九十一师的建制，委冯占海为中将师长。还有1938年初，为防卫黄河南岸，汤恩伯派亲信王毓文出任九十一师副师长，名曰加强，实属监控。是年冬，在战机不利的情况下，汤恩伯令冯占海进行德安战役，部队伤亡惨重，王锡山旅长不幸阵亡。至此，自九一八事变跟随冯占海抗日的得力部将已尽，加之副师长王毓文依仗汤恩伯的势力专横跋扈，致使冯占海在九十一师的大权旁落。这些，都是史料中的父亲形象。

守卫下洼防地的吉林边防军总司令冯占海（中）及其部下

1945年，父亲微服离队，先至桂林，后去香港。1946年春赶往昆明，以经营汽车运输和旅社为业，我和母亲终于回到了父亲身边。1947年春天，蒋介石发电报，委任我父亲为吉林保安司令，被我父亲拒绝了。他曾说：“老蒋想利用我打内战，我不打，共产党与我无仇无恨，我的枪口从来没有对过共产党，共产党是真心实意为国为民的，一定能成事。国民党太腐败了，支撑不了多久。”

这一年底，我们从昆明搬到北平，一家人终于过上了安定的生活。

中华人民共和国成立，父亲的心情格外舒展，经常走访亲友畅谈国家大事。1950年，他被选为北京市西四区人民代表会议特邀代表，并任西四区房屋修缮委员会主任，每日早出晚归，积极工作。是年8月，经宁武、龙云介绍加入民革组织，9月被选为民革中央委员。国家发行建设公债，他积极认购；抗美援朝，他带头捐款。翌年参加了广东省新会县的土改工作。母亲说父亲变了，过去家里的人都惧怕父亲，怕他的一脸威严，现在他的脸上有了笑意，烟抽得更勤了，酒也多少能喝一些了。

1954年冬，时任吉林省省长栗又文由宁武先生陪同来到我家，约请我父亲回吉林工作。翌年4月21日，周恩来总理颁布任命书，委任他为吉林省体育运动委员会主任。其间被选为吉林省人民委员会委员；吉林省第一届、第二届人大代表；吉林省第一届、第二届政协委员。我父亲是吉林省民革组织创始人之一，曾任副主任委员。

（本文选自《江城日报》，有删节）

真实的“亮剑”——李云龙

文/白　雁

李云龙（1919—1965年），福建长汀人。1933年参加红军，1936年入党。参加了长征。抗日战争时期，任八路军一一五师三四三旅六八六团宣传员、八路军一一五师教二旅五团营教导员、鲁南军区五团政治处主任等职。解放战争时期，任华东野战军八纵特务团、教导团副政治委员、政治委员，华东野战军三十四军一〇〇师政治部主任，华东野战军三十三军一〇〇师副政委等职，参加了莱芜战役、孟良崮战役、淮海战役、渡江战役。中华人民共和国成立后，任高炮第六十三师政委，舟嵊要塞区岱山守备区政治委员、舟嵊要塞区政治部副主任等职。参加了抗美援朝战争。1955年被授予大校军衔。1965年因病逝世，安葬于雨花台功德园。

说起李云龙，很多人会立刻联想到电视剧《亮剑》中那个耿直刚烈的男主角。电视剧里的人物当然是虚构的，不过，在抗日战争时期和解放战争时期的中华大地上，确实有过不少“李云龙”。他们之中，有一位恰好与电视剧的男主角同名——也叫李云龙。

从十四岁参加红军走上革命道路，到1965年因病去世，李云龙一生与军队结缘。从一个不谙世事的红小鬼，到成长为解放军的高级将领。李云龙的故事是一部真实版的“亮剑”。

客家少年参加红军，识文断字当上宣传员

1919年，李云龙出生在福建长汀县，是客家人，祖辈一直很重视文化。小手工业者出身的李家，虽然经济条件并不好，但还是将李云龙送进私塾学习。

长汀是福建的边远山区，但由于地处闽、粤、赣三省的边陲要冲，地理位置非常重要。1929年3月，红军进入长汀，在这一带建起了苏维埃政府。受到革命思想的影响，少年李云龙萌发了参加红军的想法。1933年2月，十四岁的李云龙来不及与亲人告别，就跟着红三

军团走了。这一走就是二十多年。

在红三军团里，李云龙曾担任过司号员。后来，因为他上过私塾，还写得一手好字，就被安排去当宣传员。1934年初冬，红军战略转移，离开中央苏区。李云龙也跟随红三军团北上。

长征途中，李云龙印象最为深刻的是湘江战役。湘江战役发生在1934年11月27日至12月1日。中央红军苦战五昼夜，从广西全州、兴安之间抢渡湘江，突破了国民党军的第四道封锁线，粉碎了蒋介石"围歼"中央红军于湘江以东的企图。但是，中央红军也为此付出了极为惨重的代价，部队指战员和中央机关人员由长征出发时的八万多人锐减到三万余人。

李云龙的长子李冀闽记得，父亲生前曾跟他谈起过湘江战役："说起那些牺牲的战友们，说起被鲜血染红的湘江，他那种凝重肃穆的表情我永远无法忘记。"

万水千山只等闲，拉着马尾巴走出草地

长征途中，李云龙跟随红三军团参加了遵义战役、土城战斗、会理战斗等许多重要战役。除了惨烈的战役和战斗，长征途中，李云龙还时刻要准备与病魔搏斗。部队进入四川以后，由于条件恶劣，再加上水土不服，李云龙全身溃烂，几乎失去了行动能力。但是，顽强的毅力一直支撑着李云龙。

1935年8月底，部队进入了环境险恶的草地。《第三军团史》中这样记载草地行军的情景：

"天空不见飞鸟，地上没有走兽，到处是一丛丛野草，一个个泥潭，一片片散发腐臭气味的黑色污水。时而骄阳似火，热浪袭人；时而浓雾弥漫，天昏地暗；时而狂风四起，大雨滂沱；时而漫天飞雪，冰雹骤降。红三军指战员就是在这样恶劣的地理和气象条件下，艰难地在草地上行进。稍一不慎，踩进泥潭，就很难拔出脚来，有的指战员甚至被泥潭吞没，献出了宝贵的生命。"

这种强度的行军，对于瘦小体弱的李云龙来说，更显得艰苦。时任十团政委的杨勇，就"命令"李云龙拉着他的马尾巴一步一步向前挪，终于挪出了草地。

1935年10月，红一方面军顺利结束长征，李云龙所在的部队编入中国工农红军第一方面军第一军团第四师，为实现新的任务而战斗。

此时的李云龙，虽然年仅十六岁，但战争和苦难已经将他锤炼成一名优秀的军人。而长征途中的艰难困苦，也化作了"万水千山只等闲"的革命乐观主义精神。1936年，也就是在到达陕北的第二年，李云龙如愿以偿加入了中国共产党。

平型关战役立战功，胸部中弹光荣负伤

1937年8月25日，根据中共中央军委的命令，中国工农红军第一军团、第十五军团和第七十四师合编而成八路军一一五师，李云龙成为一一五师的一员，于1937年8月30日由陕西韩城县芝川镇东渡黄河，进入山西抗日前线。

当时，沿平绥路西进的侵华日军，在占领大同后，分兵两路向雁门关、平型关一线进攻，企图进逼太原。为了配合友军作战，阻挡日军的攻势，一一五师在师长林彪、副师长聂荣臻指挥下，奉命开抵平型关地区集结待机。

李云龙（右三）与战友

李云龙（左一）在朝鲜战场上

李云龙（左）在朝鲜战场上

李云龙

9 月 25 日零时开始，战士们顶着狂风暴雨，涉急湍山洪，在拂晓前到达了指定地区，把全师主力布置在平型关到东河南镇十余里长的公路南侧山地边缘。三四三旅的六八六团位于白崖台附近，左侧是六八五团，右侧是六八七团，口袋底是第三十三军的独立八旅，一一五师第三四四旅、六八七团断敌退路并打援敌，六八八团作为预备队。这一部署使得进攻平型关的敌人完全处于包围圈伏击之中。

25 日晨 5 时半左右，敌第一辆汽车进入伏击圈，聂荣臻传令：“沉住气，无命令不许开火。”等板垣师团第二十一旅千余人及汽车、大车三百余辆进入伏击圈后，一一五师某团五连连长曾贤生率全连首先向敌冲杀，用手榴弹炸毁敌人最后一辆汽车。敌人拼命冲杀，反复争夺公路两侧制高点——老爷庙。激烈的战斗持续到 27 日白天，板垣师团二十一旅遭歼灭性打击。

平型关战役中，李云龙跟随一一五师三四三旅六八六团二营参战。在激烈的战斗中，他不幸胸部中弹。战斗结束后，李云龙被送到后方医院医治。由于医疗条件有限，医生为了防止伤口感染，就将纱布塞入他的胸腔消毒，如此反反复复，直到伤口最终愈合。

组建炮兵第六十三师，抗美援朝共击落两百三十三架敌机

解放战争中，李云龙曾担任一〇〇师政治部主任、副政委等职务。中华人民共和国成立后，1950 年 6 月，一〇〇师师部与淞沪警备司令部高射炮指挥所合并改编为上海城防高炮第三师。1951 年 1 月，以高炮第三师机关及直属队和华东高炮第十二团为基础，补充其他单位和部队组建炮兵第六十三师。

1951 年 3 月，六十三师接到紧急入朝的命令。李云龙率领六十三师的战士们离开了繁华的大上海一路北上，到达朝鲜后便担任了保卫永柔机场的任务。4 月 7 日夜里，部队刚刚进入阵地，就击落了一架美式 B-26 轰炸机。首战告捷，使全师上下士气大振。4 月 8 日，六十三师又击落敌机五架，击伤两架。

此后，为保卫我交通运输，上级下令将高炮六十三师调往中坪和阁岩一线执行防空任务。在这里，六十三师同样出色地完成了任务。

1952 年 3 月，六十三师转战东线，再次与敌人的“空中绞杀战”展开较量，一举击落敌机十三架，击伤九十五架。4 月 24 日，配合二十兵团参加夏季战役，击落敌炮兵校正机六架。六十三师在战斗中越打越硬，越打越强，取得了击落敌机二百三十三架的辉煌战绩。

（本文选自新华网）

赖少其在新四军的战斗岁月

文／孙　戎

抗战初期，新四军军部所在地安徽泾县云岭，张开双臂热情欢迎来自全国各地的热血青年和进步人士。1939年10月，曾被鲁迅先生称赞为中国“最有战斗力的青年木刻家”的赖少其，也历尽艰辛从桂林辗转来到云岭。从此，他开始了戎马倥偬的战斗生涯。

深入一线创作战歌

赖少其作为画家、文化名人投身新四军，新四军军部专门召开了欢迎会，并安排他在军部政治部工作。新四军汇集了一大批文艺人才，赖少其和他们一起利用文艺武器，积极从事创作和宣传活动。1940年5月，赖少其光荣地加入了中国共产党。

在军部工作一段时间后，赖少其向组织申请，要求到连队去。他又被分配到三支队五团政治处任宣教股长。三支队五团是新四军主力团之一。赖少其到五团不久，日军向铜（陵）繁（昌）前线发起进攻。在三支队副司令员谭震林的指挥下，三支队取得第五次繁昌保卫战的胜利，军部通报表彰了三支队和五团，赖少其也为自己能亲自参加战斗而无比振奋。

基层的生活，使赖少其觉得开展宣传和鼓动工作，仅仅用绘画这种艺术形式进行战争动员和宣传，已远远不能满足形势的需要，作为中国共产党领导的人民军队，应该承担起拯救被奴役、被欺侮的人民的责任，就像在大雾弥漫的长江江面上与狂风恶浪搏击的船夫，不畏艰难险阻。他奋笔疾书，一口气写出了《渡长江》歌词。后来，《渡长江》在新四军部队和国民党的大后方都流行传唱开来，成为一首激励战斗、鼓舞士气的战歌。

皖南事变突围被捕

1941年元旦过后，驻防在铜繁前线的三支队五团接到军部通知：1月4日晚，和军特务团编成第三纵队北移。1月6日，北移的皖南新四军突遭国民党顽军袭击。

经过数天艰苦卓绝的战斗，新四军伤亡惨重。与此同时，坚守高岭的五团接到项英的电报，指示五团砸烂电台，分散打游击去。电台砸烂后，五团与军部失去联系，只得在高山密林中到处乱

赖少其

冯雪峰

窜。1月12日，赖少其他们几经周折来到石井坑附近，恰巧叶挺军长从望远镜中发现他们，便把五团召集到尚困在石井坑的军部来。为固守石井坑，叶挺决定由五团坚守东流山阵地。这时，顽军用整团整营的兵力向阵地轮番进攻，整个东流山已成一片焦土，赖少其和战友们打退了敌人一次又一次的疯狂反扑，子弹打完了，就用石头向敌人砸去。最后，赖少其在突围中遭敌诱出，不幸被捕。赖少其讲一口广东话，顽军连长的勤务兵陈惠诚是潮州人，私下认赖少其作老乡，想留他在连里好相互照顾。赖少其心想，留在国民党军队里逃跑肯定容易些，于是就以陈惠诚哥哥陈惠勇的名字，当上了一名文字抄写员。

除夕晚上，趁着敌人在赌博，赖少其悄悄偷了那位小同乡的“传令兵”臂章，又利用顽军的便笺假造了一封给国民党繁昌县县长徐羊我的信。大年初一上午，赖少其趁顽军连长到团部拜年连部没人的机会，佩戴“传令兵”臂章，手持自造的信件，假装送信到繁昌县政府，顺利通过了几道关卡。可天黑到达长江边时，不幸碰上国民党繁昌县的巡逻兵，再次被捕。赖少其后来被解送至皖南特训处看守所，后又转押至江西上饶集中营。

集中营里继续战斗

赖少其与我党享有盛名的左翼领导人兼文艺理论家和诗人冯雪峰等人关押在一起。监狱中，赖少其常为冯雪峰的诗作画插画，冯雪峰也为他的绘画题诗。

据中华人民共和国成立后上饶集中营纪念馆统计资料显示，国民党设立上饶集中营的一年多时间里，共有二十二位共产党人和革命志士受过“站铁笼”的刑罚，赖少其是唯一一位被吊在铁笼中的。后来，赖少其在党组织和冯雪峰等同志帮助下，终于越狱逃出上饶集中营。

首倡“立功运动”

1942年2月，越狱成功的赖少其来到苏中解放区，分配至《苏中报》任副刊编辑。8月，调往新四军一师任战地文工团团长。不久调任浙东军区政治部文艺科长兼文工团团长。抗战胜利后，赖少其随队伍回苏北淮阴，调任苏中军区政治部文艺科长。1946年7月，国民党向解放区发动全面进攻。苏中地区军民奋起自卫，取得“七战七捷”的重大胜利。

1946年10月，赖少其主持起草了《关于开展功劳运动的决定》，经团党委讨论通过，印发全团。一场功劳运动在全团轰轰烈烈地开展起来。这极大地激发了全团的士气，使全团战斗力不断增强。在涟水保卫战中，二团表现尤为突出，被评为全师的先进团。

新华社前线分社及时将二团开展功劳运动的报道发往延安。延安新华总社又将这一消息播发全国。1946年11月11日，党中央机关报《解放日报》头版刊登了这一报道，并配发《号召普遍响应立功运动》的评论。

赖少其倡导立功运动，对中国人民解放军思想政治工作作出了卓越贡献。立功运动作为发扬革命英雄主义的生动内容与有效形式之一，载入中国人民解放军的光荣史册。

（本文选自《新安晚报》）

冼星海在苏联的最后岁月

文／青　伟

冼星海，1905年出生于广东番禺。1938年赴延安，任鲁迅艺术学院音乐系主任，1939年6月加入中国共产党。

1940年，正当抗日战争艰苦时期，为了激励广大人民英勇抗战，著名摄影家吴印咸拍摄了一部《延安与八路军》的纪实影片，导演袁牧之特别点名要冼星海为该片配制音乐。鉴于当时苏联的设备先进，冼星海与袁牧之等人于1940年5月被秘密派往苏联。

冼星海到苏联不久，苏德战争爆发，不懂俄文的冼星海"没有办法为战争效力，他便想回国"。但由于新疆军阀盛世才已露出了"反共"、反人民的真面目，冼星海一行无法通过新疆返回延安。

1941年9月，冼星海一行离开了战乱中的莫斯科，准备取道蒙古回国，但在国境线上受到阻碍。冼星海没有办法，只得流浪在乌兰巴托。郭沫若在《吊星海》一文中写道："他就在这时候，在生活上发生了极端的困难。亏了他竟支撑了四年。然而，他那顽强的身体，却变成了一座总科病院了。"

1942年12月9日，他不得不辗转到阿拉木图，以"黄训"的化名取得"政治居留权"。在阿拉木图，冼星海结识了作曲家拜卡达莫夫和萨科里斯基等哈萨克音乐界的朋友，才摆脱了居无定所、食不果腹的窘境。在深厚友谊的鼓舞下，冼星海又拿起了笔。他经常去听各种音乐会，邀请哈萨克音乐家演奏民歌，贪婪地汲取当地民族音乐的养分。他以自己敏捷的乐思，将许多哈萨克民歌改编成一首首小提琴曲和钢琴曲。他还创作了表现苏联人民反法西斯战争的《第二神圣之战交响乐》和歌颂苏联民族英雄的交响诗《阿曼盖尔德》、交响组曲《满江红》，撰写了《论中国的民族音乐形式》《民歌与中国新音乐》等论著。

1944年1月30日，冼星海来到哈萨克斯坦共和国的库斯坦奈州，住十月大街四十四号二十二室。冼星海在《我学习音乐的经过》中写道："生活相当艰

冼星海

冼星海夫妇

苦，而营养比在阿拉木图更差，自己的衣服和手表等拿去市场出卖，还不够供给几个月生活，薪金实在是不多，经常还要断顿。膳堂的纸证虽然发给，但不发给早晚餐营养品，只有等到月底才能领到一些，即使领得也只够三四天吃。”

这年 12 月 20 日，冼星海开始患病。病中的冼星海虽然身体羸弱不堪，但从 1945 年 1 月 27 日开始至 2 月 15 日，仍然坚持完成了《中国狂想曲》的钢琴部分，充分表现祖国人民和苏联人民反法西斯斗争的精神。这时，他不仅肺部有结核，而且还有肝肿、腹膜炎和心脏病，每天在皇宫病院里要抽出好几升的腹水。他是在战争快要结束的时候，才被人送到莫斯科去的。

当他从哈萨克斯坦共和国再次回到莫斯科时，共产国际组织早已在 1943 年解散了，中共也没有正式代表团常驻莫斯科。加之战事激烈，国际救济会也无力安排他的住宿。重病中的冼星海，走投无路，就到莫斯科外文出版社找了李立三。李立三很愉快地把重病中的冼星海请到自己的家里住下。

战乱中的莫斯科，各种物资都实行配给制，食品供应相当奇缺自不用说，李立三在住房方面尤为困难。因为，1939 年 11 月 4 日李立三从苏联监狱中释放出来后，被停止了党籍，成为在莫斯科的无党籍游民。他原来在共产国际的宿舍，早已被别人占用，没有去处，只得挤住在岳母家中。岳母家的房子，也只有约三十平方米的一个大间，当中用一幅白布帘相隔，一边是李莎的嫂子、侄子居住，一边是李立三夫妇和岳母（1943 年又增加了女儿英娜），本来就已经是拥挤不堪了，再要把冼星海夫妇安排进来，实在是难上加难。可是，他们又怎能忍心把祖国来的亲人拒之门外呢？李立三与家人商量的结果是：把自己的床铺让给病中的冼星海夫妇，自己睡在临时铺的地铺上。李立三夫妇不仅要帮助冼星海联系治病，更要为解决冼星海夫妇的食品来源日夜操劳，全家都不得安宁。后来，林莉、孙维世等闻讯赶到李立三家里去看望冼星海时，无不触景生情，齐声赞美李立三夫妇对同志的真挚感情和舍己助人的崇高美德，改变了过去因李立三犯过错误而引起的对李立三的一些偏见和误解。

冼星海在经历了几年漂泊之后，经李立三全家无微不至的关怀照顾，顿时得到极大安慰。李立三又为冼星海多方奔波联系，一个多月后才得到苏联国际救济总会的帮助，把冼星海送到莫斯科的医院治疗。李立三夫妇经常到医院去看望照料。由于冼星海沉疴积疾，医院已无回天之力。四个多月后，也就是 1945 年 10 月 30 日，冼星海病逝在莫斯科的医院中，终年只有四十岁。李立三夫妇善始善终地帮助料理后事，与苏方一起共同为冼星海举行了隆重的安葬仪式。苏方致悼词的是后来为《莫斯科——北京》谱曲的著名音乐家穆拉杰利。最后，冼星海安葬在了莫斯科近郊的一个公墓，骨灰盛放在一个灰色大理石小匣里，匣子正中镶着一张他的椭圆形照片，周围环绕着缎制的花束，下面刻着金色的俄文——“中国作曲家、爱国主义者、共产党员：黄训”。

（本文选自《老年日报》）

长征路上的廖承志

文／吴　彬

1933 年 3 月，时任中华全国总工会常委、全国海员总工会党团书记的廖承志在上海被捕，经何香凝、宋庆龄、柳亚子等人多方营救后获释。这样一来，廖承志在上海的秘密工作就不能继续下去了，他便在家中陪伴母亲。一直到 8 月底，廖承志的姐姐廖梦醒给他带来了党组织的指示，让他到中央苏区去，后来因为中央苏区的交通已经断绝，改为去川陕苏区。

廖承志给柳亚子留下一封信，感谢他为搭救自己而做的努力，并托他照顾母亲，然后便打扮成码头工人，在交通员的陪同下，从上海坐船到重庆。廖承志到重庆后，转乘汽车抵达成都。由于一时没能接上去苏区的关系，又不懂当地方言，为避免暴露，中共四川省委安排他装病住进医院。三个星期后，他同罗世文一起，经绵阳、三台、盐亭进入川陕苏区。廖承志到川陕苏区后，担任川陕苏区省委常委、工会宣传部部长。

廖承志离开上海时，随身带着中共中央给红四方面军的指示信和敌军密码破译法。到达川陕苏区后，他把这两件东西交给红四方面军总政治部的傅钟。对于红四方面军而言，这两件东西都是至关重要的，尤其是敌军密码破译法。因为在这之前，中央军委对红四方面军不注意从空中截获敌军电报提出了批评。自从有了廖承志带来的破译法，红四方面军的侦察电台就大显身手。1933 年 12 月至 1934 年 9 月，四川军阀刘湘纠集各地军阀部队二十八万人，先后向川陕革命根据地发动“六路围攻”，红四方面军

的侦察电台依靠破译法，对敌军的兵力部署和行动企图了如指掌，为红军粉碎敌人的“六路围攻”起了重大的作用。1935年春天，红一方面军为了冲破数十万敌人的围追堵截而四渡赤水，当时情况极度紧张，常常难以架设侦察电台，是红四方面军将截获的敌军情报及时转发了过去，使红一方面军从被动变为主动。

粉碎刘湘的“六路围攻”，是川陕根据地军民合力进行的一次长达十个月的大战役。战役开始不久，廖承志调任红四方面军总政治部秘书长。他当时化名为何柳华，取柳树不择土地厚薄，不求环境优劣，遇土能扎根、见水能成活的顽强生命力的内涵。这个含义很能代表他的处世作风，随便到哪里他都能在群众中扎下深根。当时川陕根据地有文化的人很少，廖承志知识渊博，才思敏捷，又有较丰富的实际工作经验，很快就得到了根据地领导人的重视。川陕省委常委开会时，总是叫他做记录，还常让他起草文件。川陕省委为了对干部进行马列主义教育，办了一所夜校，廖承志积极参加授课。他用最通俗的方式讲解马列主义基本原理，加上他爱开玩笑，寓庄于谐，深深地吸引着来听课的人。廖承志多才多艺，非常活跃，是一些集会上的积极分子。当时根据地流行演“文明戏”（即现在的话剧），他帮忙排练，说是当导演，常常是排着排着，他比演员更投入，听大家一拍巴掌，就兴奋地跳上舞台，也成了剧中人。

张国焘刚开始根本没把廖承志放在眼里，认为一个涉世不深的小青年根本碍不了他什么事。后来看到廖承志才华横溢，又善于联系群众，同时廖承志对张国焘的一些“左”的做法常提出不同的意见，令张国焘觉得不能等闲视之。有一次，廖承志在省委常委会议上提出“肃反的做法是否‘左’了”的疑问，张国焘拍桌子打板凳，吹胡子瞪眼，像威严的家长，连批带骂地把廖承志压了下去。谁知后来，廖承志犹如脑后长着反骨，不断提出与他看法相反的意见，提就提吧，还专挑人多的时候，不顾及一点儿情面。这还不算，张国焘听手下人汇报，廖承志在群众中还经常模仿他说话的语气——怪腔怪调、阴阳怪气，逗得干部战士哄堂大笑。这些都使张国焘嫉恨不已，并起了陷害之心。

1934年秋天，张国焘指示川陕省委保卫局局长余洪远审查廖承志的来历和历史，余洪远很敬佩廖承志的为人，不想让他蒙冤，便派人认真调查，结果没有发现任何问题。可是，张国焘、陈昌浩、周纯全、曾传六等人却于11月的某个晚上，在巴中县川陕省委驻地对廖承志和罗世文进行突击审讯。张国焘逼问廖承志受中央委派来川陕苏区的目的，又别有用心地让一个被屈打成招的省委干部出来指证廖承志是特务、奸细，被廖承志加以严正驳斥。就因为这些“莫须有”的罪名，廖承志当晚便失去了自由。1934年12月，川陕省委召开扩大会议。因为当时大部分红军官兵都是穷苦出身，为了挑起他们对出身不同的廖承志的敌意，省委负责人周纯全受张国焘指使，在会上大造舆论，说他的父亲是国民党中央常委，母亲是国民党中央执委，他的家庭出身是资本家，这样的人够格当共产党员吗？如果不够格应该怎么办？结果会议决定开除廖承志的党籍。从此，廖承志开始了长达两年的羁

1928 年，廖承志在上海

1936 年，长征到达陕北后的廖承志

押生活。

1935年5月，红四方面军西进川西北，开始长征。廖承志被张国焘派人押解着，随部队一起爬雪山，过草地，历尽磨难。张国焘之所以没有马上杀他，一个方面当然是因为他是著名的国民党左派廖仲恺、何香凝之子，杀了他不好向党中央交代；另一方面则是因为他的多才多艺，他不仅会画画、会刻写蜡纸，还懂好几门外语。当时，张国焘在川陕革命根据地发行钞票，需要他刻写钞票的样式，而且还常常要他刻写文件，在长征途中还让他刻连环画。虽然他身陷囹圄，但是从不计较个人得失，依然很认真地对待工作。他为了保证按时给部队提供急需的精神食粮，每天都要工作很长时间，以完成定额。除了保证数量，他还要保证质量。他耐心地给和他一起工作的同志讲解调墨、印刷的技术，使连环画的质量越来越好。长征开始后不久，他负责为红色中华通讯社（新华社前身）新闻电台翻译外语新闻电讯，还要每天把外电译成中文，编成《新闻简报》，供领导参考。

1935年夏天，红四方面军西进至汶川、理番（今理县）一带时，廖承志遇到了曾和他一起被张国焘囚禁的吴瑞林。当时廖承志和罗世文由张国焘控制的警卫排押解着行军。廖承志见到吴瑞林时，做了个鬼脸，笑了笑。吴瑞林见此情景，心里十分难过，便通过警卫排长叶声询问廖承志需要什么帮助。廖承志要求给他弄点盐巴。吴瑞林当即解下身上的两个干粮袋叫叶声转交给他。廖承志跟随红四方面军多次过雪山、草地，有时没有吃的，他就以帮别人画像为条件，换取盐巴和炒面。有时没有纸，他就把庙里的帐幔当纸，在帐幔上画像。廖承志在被关押的近两年期间，不论爬雪山、过草地多么艰苦，不管饥寒交迫的折磨，他都以共产党人的顽强毅力和革命的乐观主义精神将困难一一克服了。由于他会写、会画，有时部队开大会需要挂马克思、恩格斯、列宁的像，需要大标语，他就出来画好、写好，任务完成又被关起来。这样的事情不知有过多少次，他从未有过怨言。在川西北草地上，在北上行军休息时，一旦有“自由”的机会，他就和同志们说说笑笑，甚至放开嗓子唱歌，唱军歌，唱民歌，唱法语的《国际歌》；再不就是拿出纸和笔画渡船、山河、花草，也画人物。他给朱德总司令画了像，给刘伯承总参谋长画了像，还给许多干部战士画过像。

中共中央一直关注着红四方面军的动向，对于廖承志的处境尤为关心。1936年2月，毛泽东、周恩来特意请中共驻共产国际代表林育英以共产国际代表团的名义给张国焘发电报，批评他在鄂豫皖根据地搞“肃反”时，有很多“左”的错误和扩大化现象，并要他接受历史教训，认真检查，“使扩大化、偏见与单凭逼供刑讯等错误早告肃清”；对于廖承志不仅要保全性命，而且要给以优待。这样一来，张国焘就不敢轻易杀害廖承志，但仍然将他关押着。1936年7月，由贺龙、任弼时率领的红二军团、红六军团（后改编为红二方面军）到四川甘孜，与红四方面军会师。廖承志跟随队伍经过一块草地的小山坡时，遇到了任弼时。任弼时以前并不认识廖承志，知道他的身份后，便笑着对他伸出热情的手，这样的举动令廖承志十分感动，却令张国焘十分尴尬。任弼时严肃地对张国焘说，如果廖承志需要什么帮助的话，请你告诉我。张国焘当时也不知道该如何应答，只是不置可否地“嗯”了一声。任弼时的帮助十分有效，廖承志、罗世文等人不久就有了一定程度的自由。周恩来一直在担心廖承志的安全，1936年11月，得知红四方面军同红二方面军进入甘肃、宁夏后，便一路上打听廖承志的消息。在前往宁夏预旺堡的路上，周恩来终于见到了廖承志。早在二十世纪二十年代，廖承志就已经在广州认识周恩来了，那时，周恩来与他的父亲是黄埔军校的同事。事隔多年，能在长征路上遇见自己所景仰的人，心中自是激动万分。但同时，他的心情也十分矛盾，心想自己是个被“开除”党籍的人，又被人押解着，该不该和周恩来打招呼呢？廖承志正在犹豫不决，神情严肃的周恩来走过来和他握手，当时什么话也没有说。周恩来很懂得策略，他要保护廖承志，又不能让张国焘起疑心。当晚，周恩来派人把廖承志叫到司令部，当时屋里很多人，张国焘也在场。见廖承志进来，周恩来便厉声问道：“你认识错误了没有？”“认识深刻不深刻？”“改不改？”在廖承志一一作答之后，周恩来让他留下吃饭，不再跟他说话了。这以后，廖承志的待遇有了明显的改善。

1936年12月，红一、红二、红四方面军胜利会师后，在预旺堡召开的积极分子代表大会上，张国焘在会上公开承认“逮捕廖承志和罗世文是错误的，是使他们受了委屈、冤枉的”。廖承志终于完全获得了自由，并恢复了党籍。

红四方面军被张国焘拉着过了三次雪山、草地，其艰苦卓绝，只有体验过那种生活的人才知道。廖承志一路上被当成犯人，处境更苦。当他随军到达陕北时，身上穿件藏族同胞的氆氇，经过长期行军，弄得又脏又破，实在落魄。为了让他照一张像样的照片寄给母亲，陆定一把身上的衣帽脱下来，借给他穿。然而，在廖承志看来，自己所经历的磨难，与重获自由、恢复党籍的喜悦相比，是微不足道的。

“戴枷行万里，莫蹉跎，岁月多。世事浑如此，何独此风波。缠索戴枷行万里，天涯海角任消磨。休叹友朋遮面过，黄花飘落不知所。呜呼，躯壳任它沟壑填，腐骨任它荒郊播。宇宙宽，恒星多，地球还有亿万年，百岁人生一瞬过。笑，笑，笑，何须怒目不平叫？心透神明脑自通，坦怀莞尔心光照；绳套刀环不在手，百年自有人照料。”

廖承志在长征路上所作的这首词，表明他并没有在逆境中沉沦，相反，他一直保持着高昂的革命斗志，坚信真理，矢志不渝。预旺堡大会后，廖承志随长征部队到达陕北保安，在红色中华通讯社负责外电翻译。经历了长征洗礼的廖承志，抛却了所有的委屈和苦难，满腔热忱地迈进了新的革命历程。

（本文选自《文史精华》）

攻占莒城风闻

文/郑　坚

我参军在皖南新四军军部，后到无为、盐阜、淮海地区，1942年底随军进入山东滨海，1944年参加攻占莒城的战役，以下是所见所闻。

莒县，是山东一个大县，有三千六百多个村庄，九十余万人口，公路直通诸城、高密、临沂。1938年春，日军占领莒县后，加修了台（儿庄）潍（县）、泰（安）石公路，莒县又是这两条公路的交叉点，日军把其划为一等县，建了飞机场、弹药库，经常有重兵把守，成了分割我鲁中和滨海两个解放区的重要据点，也是日军“扫荡”我鲁中和滨海地区的重要屯兵点。

1944年，八路军山东军区的部队，在粉碎日伪军一次次“扫荡”的同时，发动了春、夏、秋三季攻势作战，收复了七座县城和众多敌伪据点，歼灭了大量的敌伪军。11月中旬，我军把攻势的矛头指向了设有坚固防御工事的莒县县城。当时，防守莒城及其外围据点的是伪军保安大队莫正民部三千余人，城内设有日军司令部，驻有一个中队的日军。经过反复工作，莫正民同意反正。

为了及时、全面、准确地报道解放莒城战役，我军组成了兼职和专职的前线记者团，对战役的各个方面作了详尽报道。为此，我军也付出了沉重代价，曹秉衡、宋文礼、王黎明三位同志牺牲，那沙、郑坚两位同志负伤。一次战役，五名记者伤亡，这在敌后的抗日战争中也是罕有的。对此，延安新华总社向全国发出电讯，报道了记者参战的情况，对牺牲、负伤的记者，“致以沉痛的哀悼与慰问”；山东分局党报委员会、山东军区政治部专门颁发指示，表扬了前线记者团的工作，指出文化战线在为战争服务中创造出了成绩，而牺牲、负伤的同志，更是执行中央、总政指示的好党员、好文化工作者。

我当时是滨海军区报社的记者，刚从滨北前线赶回，参加了记者团，随攻击东城的部队行动。1944年11月14日下午，我攻城部队以每小时十五里的速度，从东、南、西三个方向直奔莒城，6时40分前后，先后到达离莒城五里的进攻出发地。晚7时，提前潜入莒城的两位英雄工兵，在反正部队的协助下，用炸药把莒城东南角和西北角两座大炮楼炸倒，这是预定的攻城信号。在震天的爆炸声和熊熊的火光中，各攻城部队直扑城垣。我随突击队跑步前进，踏过沭河的沙滩，越过河上的窄桥，直奔东城。大家跑得上气不接下气，汗水湿透了内衣。跑在最前面的两个架梯组，在工兵同志的协助下，很快越过三米多宽的外壕，把长梯靠在城墙上，突击队紧跟在后面，沿着两条长梯，奋勇登城，迅速占领敌军城防工事，扩大突破口，让后续部队源源不断涌进城中。反正伪军在各个碉楼顶上摇动白旗，宣布起义，并立即带领我攻城部队，占领了城中各条要道和制高点，构筑巷战工事，击退日军的疯狂反扑，从东、南、西三个方向，直逼日军司令部。此时，城内起义伪军，排成四路纵队，在伪保安大队副大队长莫正民率领下，出南门向根据地开去。莫正民原为国民党六十九军独立旅旅长，在国民党“曲线救国”谬论政策指使下投敌；莫部起义后编为八路军山东军区独立第二旅，走上抗日的道路。

城内日军司令部驻在设有坚固工事的小围子内。小围子高十五米、厚一米。小围子里东面是库房，其余三面是营房，在百米左右的开阔地区，修建有四个坚固碉堡，碉堡之间都有砖砌的走廊相通，砖墙上有枪眼，砖墙下有地堡，四个碉堡下面还修建了地下室，储存了大量弹药、粮食和水。这个小围子易守难攻。

当晚11时许，我军开始向小围子里的日军发起攻击，各部队的爆破手，在我军强大火力掩护下，从几个方向炸开小围子，突击队杀进围内，打退日军的反冲锋。至15日1时半，各攻城部队全部打进小围子，占领围子里的营房和仓库。日军全部退缩到中间的四个碉堡里，进行顽抗。

这时，参加反战同盟的日本同志，赶来进行火线喊话，劝告日军放下武器，不要作无谓牺牲。日军在其中队长的胁迫下，疯狂地开炮、开枪，企图阻止喊话；同时，为了延缓我军的进攻，还无目的地发射掷弹筒弹和燃烧弹，引起城内几起大火。我攻城部队一面救火，一面继续进攻。我当时随突击队一直打到小围子前，并随之进入敌人的仓库，向碉堡瞭望：在我军面前是一片百米左右的开阔地，无任何地形地物可以利用。此时，敌人打出了照明弹，小围子里亮如白昼。为了不让敌人得到喘息，各攻城部队的爆破组对中间的日军碉堡进行连续爆破。战士们表现出无比的英勇，一个爆破组在敌军密集的弹雨中倒下了，另一个爆破组继续向前冲去。被围的日军凭着坚固的碉堡、砖墙、地堡等多层次的火力，把开阔地打得尘土飞扬、烟雾阵阵，我爆破手们无法把炸药送到敌人的碉堡下面。天亮前战斗停止了，部队将小围子内仓库里的物资抢搬出去，炸毁了所有的房屋和工事，撤下来休息。

15日的白天，遵照山东军区首长的指示，各部队认真发扬军事民主，总结头天晚上作战的经验教训，研讨如何以最小的伤亡，攻占最后四个碉堡。我军重新组织了突击队和爆破组，抽调和组织优秀的机枪手和步枪手，配置好火力，

以封锁、压制敌军火力，掩护爆破组前进；又经过政治工作进一步做了深入动员，号召部队杀敌立功，要求共产党员、青年团员在冲锋杀敌时起模范带头作用。我利用休息时间，往城内走了一圈，城里大火已经扑灭；成千上万的民兵，正在挥动镐、锹，毁城墙、拆炮楼、填壕沟；军队和地方的宣传队忙着书写标语、口号；滨海专员公署和滨海军区联合发布的安民布告，贴在各主要街道上；记者团的同志正在协助地方干部动员居民迁到城外暂住；回乡群众拖着猪、羊等慰劳品，涌进城来，慰劳我军；战士们在战斗间隙书写日记、家信，争阅画报、图书；山东画报社的记者忙着为战士拍摄照片。虽然，小围子里的日军尚未消灭，枪炮声不断，但城内已经洋溢着一片胜利在望的欢乐气氛。

15 日、16 日的白天，都有敌机从青岛飞来盘旋侦察和投弹轰炸；诸城敌军倾巢而出，妄图增援和接应被围日军，我打援部队予以痛击。这两天晚上，我攻城部队重新组织后，在轻重机枪火力的掩护下，向敌小围子里的碉堡发动连续攻击，打得碉堡上直冒青烟。我亲眼看见英勇的爆破手一往无前地冲向碉堡，一个倒下了，另一个拿起炸药，在火网中英勇无畏继续向前。英雄们这种前仆后继、视死如归，把自己的生命和鲜血贡献给崇高的民族解放事业的精神，永远值得人们的崇敬！经过激烈的战斗，英勇的爆破手终于把炸药送到了两座碉堡下面，随着两声巨响，碉堡炸开了。我英勇的突击队在一片喊杀声中，冲过开阔地，经过拼杀，迅速占领了两个碉堡，另两个碉堡的敌人立即堵塞通道，继续顽抗。两日来，日军伤亡惨重，尸体无法掩埋，就在碉堡内焚烧，微风吹来，奇臭难闻。在炮火间隙，我们还隐隐听到日军的哭泣声和军官的叫嚣声，残余日军把一切希望寄托在援军身上了。

17 日上午，我在攻城部队采访，下午休息。傍晚，我又随突击队来到冲锋出发地的小围子前，部队忙着组织新的突击；特别记者、战士剧社戏剧教员那沙同志也向小围子走来，火线上见到熟人分外高兴，我俩就坐在小围子墙下，交谈着两天来的所见所闻，准备随突击队向日军最后两个碉堡冲击。碉堡里顽抗的敌人，知道天黑我军就会发动进攻，故疯狂发射掷弹筒弹；掷弹筒能打死角，炮弹在小围子前爆炸。正当我俩由坐转为趴下时，一发掷弹筒弹落在我们面前，我当即昏迷过去，当我痛醒时，用手一摸，满脸都是鲜血，我已被抬上担架，很快就来到设在城郊的战地医疗所。事后得知，那沙同志同时负伤；特约记者曹秉衡、宋文礼、王黎明同志先后光荣牺牲。山东军区的罗荣桓政委听到此事后，深表痛惜。

我军进攻莒城的动员令，从县、区传达到各村后，莒中、莒南两县都沸腾了，从前线到后方，从边缘区到根据地中心，广大群众都动员起来了。在地方各级党组织和干部的领导下，男的——民兵和自卫队员们，扛着刀枪、镢头、铁锹，背着担架，赶着毛驴，推着独轮小车，随军抬担架、救伤员、填壕沟、送军粮、扒炮楼、毁城墙；女的——妇救会、识字班的大娘、大嫂、大姑娘、小媳妇们，在村里烧开水、熬稀粥、磨豆腐、煮鸡蛋、炸油条、贴饼子，无论白天、晚上，只要部队和伤员一到，守候在村头路口的儿童团员发出信号，白天是锣鼓喧天，黑夜是灯笼火把，人们拥出村来，热烈欢迎、慰问自己的子弟兵，村村如此，此情此景，感人肺腑。

战地医疗所对我的两处伤口，做了认真的消毒、止血、包扎，还帮我擦去颈、脸、臂上的血迹，连夜往根据地中心的后方医院转运。四个人一副担架，每次两人轮流抬，两人一前一后举着灯笼照明。我躺在担架上，只见前运后送、络绎不绝；欢声笑语，不断传来，漆黑的道上，好不热闹。为我抬担架的乡亲，无论是上坡、下沟或者行走在崎岖不平的土路上，有时举高、有时蹲下，有时替换的两人上来帮忙，抬得总是平平地、稳稳地、轻轻地，生怕碰到我、摔着我，增加我的痛苦。初冬的深夜，寒风刁刁，他们怕我受凉，常无声地为我填枕、压被，而自己却累得上气不接下气，满头大汗。从莒城经大店终于到后方医院，途经每一个村庄，担架停在高挂灯笼、青松翠柏扎成的胜利门前，妇救会、识字班的妇女们，捧着鸡蛋、油条、热乎乎的蜜甜的蛋花汤送到面前，我因颈上部的弹片尚未取出，头部疼痛，不能转动，年轻的姑娘、媳妇，竟然轻轻地扶起我，抱在怀里，一匙一匙地喂我。我使劲挣扎，要自己喝，她们笑嘻嘻地说："同志，不要封建，你们为俺老百姓打仗、流血，俺们喂你是应该的。"可是我知道，这些地区的妇女大都是缠过脚的，当年我军初到时，只能在门外宿营，不敢轻易进屋；而如今，对一个素不相识的伤员，似亲人一般，抱在怀里喂汤喝粥，问寒问暖，我激动得流泪了。人民就是以这样高尚的行动，热爱自己的子弟兵，为战争作出贡献。我在人民群众无私的爱抚和照顾下到达后方医院。在治伤过程中，我写了一篇名为《伟大的爱》的小通讯，送给《民兵报》登载。

在后方医院里，我从报上看到，莒城之战，伪军莫正民部三十个中队、三千五百余人全部光荣反正，举义抗日；俘获日军顾问、教官等十人；除少量日军被增援的敌军救走外，大部被歼；莒县县城及其外围十六个据点、五十多座炮楼被我军攻占；七百多个村庄、三十万人口获得解放；鲁中地区和滨海地区完全连成一片，山东敌后的形势有了更大的改善。正如延安解放日报的社论《山东的新胜利》中指出："这是解放区我军今年来收复的第二十三座城市（攻入和暂时攻克又被敌人占领的城市不包括在内），是山东我军继沂水、文登、荣成、利津、乐陵、临邑、南皮之后解放的第八个城市，是山东我军秋季攻势之后最大的胜利，也是敌后我军的大胜利之一。敌后战场我军的伟大胜利，对太平洋美军的反攻、正面战场国民党军队的作战，都是有力的支援。"

回忆莒城之战，我的心情难以平静，抗日战争中每一场战役、战斗的胜利，都是靠着勇士们大无畏的牺牲精神和广大群众无私的支援取得的。民族解放、中华人民共和国的成立，来之不易，是千千万万名烈士的鲜血和千百万人民群众蒙受的苦难和不屈不挠的牺牲奋斗换来的，我们永远不要忘记，应加倍珍惜。

（本文由北京新四军研究会供稿）

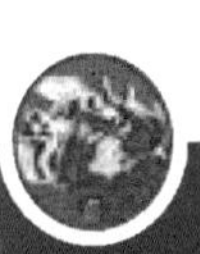

红军勇克碉堡阵

文／张亚斌　曹树华

1936年初春，春寒料峭。贵州贵阳的北面门户扎佐镇在萧瑟的寒风里显得更加阴沉，大街上除了保安团巡逻队的士兵外，几乎见不到过往行人。入夜，整个小镇一片沉寂，没有灯火，没有犬吠，只听见巡逻士兵脚上的翻帮皮鞋踩踏在石板路上发出的“橐橐”声。全镇已戒严一个多月了。

为堵防红二、红六军团进占贵阳，亲临贵阳指挥堵截红军的蒋介石在乌江一线部署碉堡战术，企图南北夹击，消灭红二、红六军团。扎佐镇是进贵阳的要冲，是重要的军事战略位置。负责驻守扎佐一线的保安一团按照蒋介石的战略部署，环绕扎佐一线修筑了“碉堡阵”，十七座碉堡形成十里一线，把整个扎佐小镇围得针插不穿、水泼不进。

1月31日，红六军团在军团长萧克的率领下，从王坝新场进入把七，奔袭扎佐。红六军团十七师的先遣部队一进到把七即与敌人遭遇，随即打响战斗。敌人凭借碉堡固守，不断向冲上来的红军射击。率领先遣部队的十七师参谋长刘转连在把七的一间民房里设立了临时指挥所，他命令先遣部队全线出击，不惜代价攻克敌人碉堡，迅速打下扎佐。

战斗异常激烈。红军向敌人的碉堡发起了猛烈进攻。一时间，扎佐镇外硝烟弥漫，枪声、手榴弹爆炸声响成一片。在镇外罗家小坡，敌人一个排的兵力据守在一座十分牢固的碉堡内，气焰十分嚣张，对红军战士的喊话和劝降完全置之不理，还不时开枪射击。“炸掉这座碉堡！”红军指挥员下达命令后，一名战士带着一束手榴弹，在机枪火力掩护下，匍匐向碉堡挺进。一米、二米、三米……终于，这个战士爬到了敌人的碉堡脚下，只见他顽强地支撑着受伤的身体，缓缓地站起来引爆了那束手榴弹。只听“轰”的一声巨响，碉堡被成功炸毁，红军战士一鼓作气消灭了敌人。

不到一个小时，黑神庙、周家坟山、小经堂等地的十五座碉堡被相继摧毁。战斗打到下午，红军攻占了扎佐镇，但小官山和小场口两座碉堡里的残敌仍负隅顽抗。这两座碉堡修筑在地势开阔的场坝和田块处，从碉堡里看外面，四处一目了然，而且，敌人火力所及之处没有隐蔽物，若要硬攻，必然会造成极大的伤亡。

红军借着机枪掩护发起进攻，但敌人居高临下疯狂射击，一个红军排长牺牲，几名红军战士负伤，却始终无法靠近碉堡。参谋长刘转连认真研究、分析战场环境和态势后，命令部队只围不攻，展开政治攻势，劝说保安兵投降。于是，他们到镇上找来吕玉清等十多位老百姓，让他们向碉堡里的保安兵喊话：“只要放下武器，红军一律优待……”

当天渐渐黑下来时，碉堡里的保安兵又冷又饿又害怕，终于坚持不住，纷纷扔出武器向红军举手投降。

（本文选自中国军网）

广阳伏击战

文/李　涛

1937年10月，沿平汉铁路进攻的日军占领石家庄后，以第二十师团、第一〇九师团沿正太铁路西犯，企图配合沿同蒲铁路南犯的日军会攻太原。10月下旬，日军进逼娘子关，晋东告急。

由于此前国民党当局未接受毛泽东的建议预置重兵加强娘子关、九龙关的防守，直至日军逼近时，才令第二十六路军、第二十七路军和第三军等部进至娘子关仓促组织防御。

为配合国民党军保卫太原，八路军总部命令一一五师师部率三四三旅于25日夜由五台山南下，驰援娘子关，协同在正太铁路以南作战的八路军一二九师侧击西犯日军。但当26日赶到平定时，娘子关已失守。

西进日军左翼第二十师团师团长川岸文三郎是个日本皇族，飞扬跋扈，生怕第五师团师团长板垣征四郎抢头功，先占太原，便命令第四十旅团旅团长山下奉文率部沿平定、昔阳向榆次、太原进攻。

川岸的第二十师团虽不如板垣的第五师团名气大，但同样是支精锐部队，特别是山下奉文和他的第四十旅团，在日军中也属“王牌”——几年后，正是这个山下奉文在太平洋战争中大出风头，率两万人马横扫整个东南亚，迫使十万英军在新加坡投降。

为继续阻击和迟滞日军，三四三旅于30日进至昔阳以西的沾尚镇地区，待机打击西犯日军。

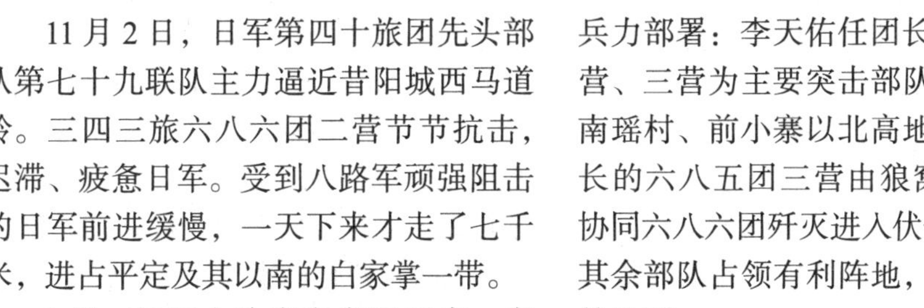

11月2日，日军第四十旅团先头部队第七十九联队主力逼近昔阳城西马道岭。三四三旅六八六团二营节节抗击，迟滞、疲惫日军。受到八路军顽强阻击的日军前进缓慢，一天下来才走了七千米，进占平定及其以南的白家掌一带。

3日，日军由沾尚向广阳开来。广阳是一个不到二百户人家的小村镇，地处沾尚镇至松塔镇之间。从沾尚经松塔至榆林的公路从村边经过。这条路由于年久失修，加上山洪暴发、沙石冲击，已经破烂得不成样子，似路非路，似河非河，不便于机械化部队运动。村子四周山峦重叠，沟壑纵横，不仅地形复杂，又有疏落的树木，正是打伏击的好地方。

当晚，三四三旅主力迅速占领广阳及其以东道路南侧的有利地形，完成了兵力部署：李天佑任团长的六八六团一营、三营为主要突击部队，进入广阳以南瑶村、前小寨以北高地；杨得志任团长的六八五团三营由狼窝沟北山出击，协同六八六团歼灭进入伏击地区的日军；其余部队占领有利阵地，准备打击回援的日军。

4日下午1时许，日军先头两个联队四千余人通过伏击区进至松塔。八路军预伏部队采取避强击弱的战法，放过其先头主力。

两个小时后，日军前锋已到松塔镇，而后卫辎重部队还在广阳附近，最佳的出击时机到了。随着一声信号枪响，六八五团、六八六团的各路伏兵从山间林中突然杀出，将日军队形分割成两段。一时间，喊杀声、枪炮声响成一片，震撼山谷。八路军将士乘势杀入敌阵，与日军展开白刃格斗。

战至夜幕降临，谷地里的枪声渐渐稀疏下来。三四三旅参谋长陈士榘向师部报告战果：“六八六团已全歼被围之敌，初步统计歼敌在五百人以上。六八五团也歼敌近五百人……”

陈士榘还没有放下电话，六八六团三营通信员就跑过来报告：部队已进入广阳镇，除有极少数散兵负隅顽抗外，包围圈内再没有日军的踪迹了。

当陈士榘和李天佑走进广阳镇时，天已完全黑了。街上有两处房子还被几个日军占据着，不时传出几声枪响。待陈士榘等人走近时，战士们已经用手榴弹消灭了房子里的日军，只剩下一个日本兵躲在一个小院子里，不时向外打枪。

有人主张用手榴弹炸死他算了，陈士榘马上制止：“不能炸死，要抓活的。现在要消灭他很容易，一颗手榴弹或几粒子弹就够了，可是上级一再要求我们最好能抓到俘虏。”

当时，抗日战争已进行了一段时间，上万名日军战死，居然无一被俘。平型关一战，八路军一一五师歼灭日军千余人，也没有抓到一个俘虏。时任六八六团组织股股长的欧阳文曾回忆道：“战前我们给战士做动员，说是要优待俘虏，我们准备要抓一千个俘虏好送到全国各地去做展览，结果一个也没抓到。这时的鬼子执迷不悟，都不投降。我亲眼看着我们团的一个副营长背起一个受伤的鬼子往后走，结果被鬼子把耳朵给咬了下来，为了救营长，旁边的一个排长只能举刀杀了那个鬼子。”

陈士榘的儿子陈人康在《一生紧随毛泽东——回忆我的父亲开国上将陈士榘》一书中披露：“当时，我父亲有捉俘虏的念头，就学日语在战场喊话，别人都没太当回事，但父亲很用心，暗中把敦促日军投降的日本话背得滚瓜烂熟。”

于是，陈士榘对李天佑说：“我还能说几句日语，让我带上几个人去看看。”说完就带上师侦察科科长苏静等人冲进了院子里。

那个日本兵躲藏在小院子里南房的里间屋。陈士榘让战士们先将小房子团团围住，然后自己利用夜幕掩护，悄悄地移到了窗口，用不久前才学会的几句日语向里面喊道：“缴枪不杀，宽待俘虏！”

可那个日本兵仍不肯出来，继续向外开枪。

陈士榘又耐心喊了一阵子，那个日本兵才不再开枪了。过了好大一会儿，只听见里面传出了几句生硬的中国话：“明白，明白。”

可又等了一会儿，仍不见他出来。不能再这样拖下去了，陈士榘一挥手，率领战士们猛地冲进屋去。原来那个日本兵蹲在老乡的粮食筐里，欲动不能，挣扎无用。见八路军战士冲进来，吓得浑身发抖，两腿打战。

陈士榘想给他再解释解释，可除了“缴枪不杀，宽待俘虏”“不要为日本军国主义卖命”等几句话以外，别的日语就不会说了。

许多年之后，陈士榘曾在自己的回忆录中记下了这有趣的一幕：“正当着急之时，我突然想起汉文和日文中有许多字形字意是相同的，马上掏出一个笔记本，借着灯光用汉字在上面写了‘你不要怕，我们是共产党领导的八路军，宽待俘虏’‘只要你放下武器就不伤害你’。

一一五师工兵配合三四三旅在广阳伏击敌人

天佑高兴地说："好啊，你到底抓了个活的回来了。你走了以后，师里打电话找你，我说你抓俘虏去了，师里还说你是个'冒失鬼'，让我告诉你注意安全。"

"不入虎穴，焉得虎子？你不冒险，能抓到俘虏？"陈士榘笑着回答。

他看了之后，也连忙写出'理解'。我一看他不仅认识汉字，而且写得不错，心里头很高兴，又写字问他是哪个部队的，叫什么名字。这回我连本子带笔一起给了他。他看看字，又抬头看看我，然后拿起笔在本子上写下'第七十九联队辎重兵军曹加滕幸夫'。他的汉字写得很好，看来文化程度不低。"

通过笔谈，陈士榘了解到日军第二十师团大多数是朝鲜人，还有很多东北人，日本人只占三分之一。陈士榘又向加滕幸夫宣传我军的俘虏政策，他不住地点头表示信任。

见陈士榘带了个活的日本兵来，李

7日，八路军第一二九师第三八六旅旅长陈赓指挥所部及第三八五旅第七六九团，在第一一五师第三四三旅的配合下，又于广阳以东地区设伏。17时许，当由沾尚镇西进的日军先头部队进至大寨口、中山村、户封村等伏击区时，设伏部队迅即发起攻击。日军据村顽抗，八路军英勇冲杀，经一小时激战，歼日军二百五十余人。两次战斗，八路军共歼灭日军一千余人，缴获骡马七百余匹、步枪三百余支以及大批军需物资，取得了自平型关战役以来的又一个重大胜利！

（本文选自《解放军报》）

五龙山伏击战

文/石文锋

1936年8月，长征中的红二方面军历尽千难万险到达哈达铺。根据中央在“成（县）、徽（县）、两（当）、康（县）”地区建立临时根据地的命令，决定组织发动成徽两康战役，并在短短几天时间，连克成县、康县、徽县、两当四座县城，形成了与一、四方面军遥相呼应，互为犄角的有利局面，同时使部队获得了休整的机会，补充了给养。成徽两康战役告捷，国民党十分震惊。9月下旬，敌胡宗南、毛炳文、王均、孙震各部慌忙调集兵力，分路向成徽地区逼近，妄图围歼红二方面军，阻止红军三大主力会师。

为了收拢部队粉碎敌人的围追计划，红二方面军总指挥部决定在抛沙河至高桥一线伏击敌军。红军驻守部队根据指示，一边激战，一边诱敌至小川。随后与在小川孟家崖、红嘴山一带驻扎防守的红军会合，等待追击敌人。五龙山是成县城西六千米处的一座小山包。西是抛沙河和牛斜山；东是新堡山；东北面有两座小山包，一是庙山，一是何家嘴山。此地背依山峁，前临河谷，地形复杂，便于隐蔽，观察视野开阔，的确是伏击、歼灭敌人的绝好地域。

9月29日午后，敌军进至抛沙河后，发觉形势不妙，便在抛沙河西岸很远的地方，东一炮，西一炮地朝五龙山、新堡山一带放起大炮。炮击停止后，敌军仗着自己装备精良、兵力众多，放心大胆地呈扇形展开攻击队形向新堡山猛攻。十八团前沿阵地首先和敌人接上了火。但敌人做梦也想不到有一队人马正悄悄地向他们的侧翼步步紧逼。原来这是埋伏在五龙山下的十二团。十二团政委杨秀山一声令下，迂回到敌后的红军战士迅速抢占有利位置，突然抵住敌人的屁股猛烈开火。敌人的阵脚大乱，像一群找不着方向的鸭子，忽东忽西，毫无头绪地乱窜……

敌军逃过抛沙河以后，重新整理了溃散的部队，慌慌张张抢占了牛斜山制高点，用五门钢炮和两架飞机向红军阵地猛轰，时间长达十分钟。十分钟内打的炮弹，相当于第一次攻击所发射炮弹的十倍。

炮火袭击接近尾声时，敌人的步兵又冲了上来。英勇的红军战士脱下破烂的上衣，昂起赤裸的腰脊，光着膀子站起来，把裤腰带紧了紧，打成死结，扎紧绑腿，抓起被浮土埋去半截的马刀，纵身跃出堡墙，威风凛凛地高举马刀冲向敌群。顿时，整个山坡上敌我混杂，杀声震天，刀枪叮当……

肉搏战一直持续了两个多小时，英勇的红军战士和进攻的敌军展开了激烈的拉锯战。英勇的红军指战员坚守阵地，沉着应战，灵活机动地打退了敌人一次又一次的进攻。经过一天的激战，红军胜利完成了钳制敌军，掩护主力集结的任务。

（本文选自《甘肃日报》）

回忆三垛伏击战

——记江都独立团的九连

文／刘义夫

刘义夫，男，1927年11月出生于江苏江都，是1944年8月入伍的新四军老战士。1945年3月入党，同年8月转正。入伍后历任战士文书、党支部副书记、干事、副政治指导员、政治指导员、师保卫科干事、团政治处股长、团政治处主任、独立团副政委。

不寻常的春天

1945年的春天，在欧洲战场上，法西斯德国在苏联红军连续不断的打击下已面临灭亡的命运，世界反法西斯战争已经取得了决定性的胜利。中国人民进行了长达十四年的艰苦浴血抗战，已胜利在望。

就苏中江宝地区来说，由于我军主动、频繁、广泛的出击，根据地周围敌军已经不像过去那样经常肆无忌惮地下乡来烧杀抢掠，而是龟缩在碉堡里固守。我根据地不断巩固和扩大，环境相对稳定，党和军队的领导机关可以从容不迫地在根据地内开办学校，培养干部，整训部队，提高杀敌本领。但是我们也清醒地看到，作为东方战争策源地的日本，并不甘心自己的失败，还要作疯狂的垂死挣扎。为了对付盟军的登陆和我军的反攻，他们从东北增调大批关东军南下，增强上海和苏北连云港的防务，同时将苏北伪军项政庄部南调浙江，将华北伪军第二方面军孙良诚部调来苏中接防，又命令盘踞在宝应城内的

新四军挺进江南敌后

伪苏北绥靖公署特务二团马佑铭部，由日军护送调往兴化城以南周庄一线安卡设防，妄图进一步“蚕食”我苏中抗日民主根据地。

当时苏中军区根据毛主席年初发出的“扩大解放区，缩小沦陷区，驱逐日本强盗”的伟大号召和党中央的决策，我新四军一师粟裕师长于1944年12月27日率第七团、特务一团、特务四团及地方干部数百人，1945年3月中旬，继任叶飞师长又率第一团、特务二团、高宝独立团及地方干部数百人，先后渡江南下，到达苏浙地区，执行准备大反攻的战略任务。这些主力部队南进后，日伪认为有机会可乘，马佑铭部的调防设卡，直接威胁苏中抗日民主根据地的安全。为了粉碎敌人的阴谋，保卫根据地，新四军十八旅苏中一分区决心在旅长兼分区副司令员刘飞同志的统一指挥下，在三垛镇和河口镇之间的公路上打一次伏击战役，即著名的三垛伏击战。

为了夺取三垛伏击战的胜利，十八旅一分区的指挥机关统观全局，精心组织，依靠自己的侦察情报组织准确地掌握了敌军的调防时间、地点和必经之路，最后集中优势兵力打好伏击战。经新四军苏中军区首长批准，将已升为苏中主力兵团之一的第五十二团调来参战，作为战争的主力，并调来三分区特务五团和江都独立团一起参加战斗。刘副司令员下达了各参战部队作战任务的命令，五十二团在三垛河北隐蔽，一旦打响，全线出击，消灭公路上的敌军；江都独立团在三垛河南设伏，任务是协同五十二团消灭河道上、公路上的敌人，同时准备阻敌增援，守住“袋底”；特务五团守卫在河南，以火力支援北岸；分区特务营准备阻击可能从高邮东援之敌，守住“袋口”。

足足等了一天半

4月26日上午，江都独立团三营九连连长蒋传正同志、政治指导员吴维盈同志从上级指挥员那里接到了任务：我团在战斗打响后全线杀出，向敌军实施

突击，坚决干脆地消灭当面之敌。随即他们开始层层发动，先党内后党外，先干部后战士，进行深入的政治动员。首先召开了党支部委员会扩大会议，接着又召开全连军人大会，由吴维盈同志做战斗动员。随后以班为单位进行了热烈的讨论，大家进一步明确了打好这场伏击战对于粉碎敌人蚕食扩张阴谋，保卫人民、保卫根据地，迎接大反攻，都有着极其重要的现实意义和深远的历史意义，同时也分析了打好这场伏击战的有利条件和需要引起重视的问题，认识到此时我国抗战正处于大反攻的前夕，三垛河一带是我军经常出没的地方，群众基础好，地形熟，我们的战术手段是以优势兵力设伏，对运动中的敌人进行突然袭击，容易奏效。天时、地利、人和都在我们这边，对敌不利，对我有利。但我们也不能不考虑以凶残著称的日本侵略军虽然一天天走向穷途末路，却仍不甘心自己的失败，还要作孤注一掷的疯狂挣扎。我们一定要在战略上藐视敌人，在战术上重视敌人，决不可掉以轻心。

全连得知上级已调苏中军区主力兵团之一的五十二团前来参战，都感到由衷的喜悦。大家都知道，1942年抗战正处于相持阶段的时候，为使抗日军民能够在艰苦复杂的环境中积蓄力量，准备将来的战略反攻，苏中区党委果断制订了主力地方化的英明决策。江都独立团就是在这个时候以五十二团七连和八连为基础建立和逐步发展起来的一个地方团。这次能和老大哥共同对敌作战更增加了打好这场伏击战的信心。大家纷纷表示，在战斗中要有优良表现，不能拖老大哥的后腿，不使老大哥失望。连里同志回顾1944年11月5日的江都杨庄保卫战中，九连在林辉才团长的直接指挥下与其他几个兄弟连队一起英勇地打击了下乡抢粮的日伪军，夺回了被抢的十二船粮食物资，保卫了人民生命财产的安全，但九连樊长贵、居思宏等七位战友在向敌军冲击时壮烈牺牲的情景，纷纷表示，这次一定要狠狠地打击进犯的敌人，为杨庄保卫战牺牲的战友报仇。

4月26日傍晚，九连根据团指挥机关战斗行军命令，随营指挥员从江都县出发，向目的地疾进，于27日拂晓前到达高邮三垛镇三垛河南侧的刘家舍村。连长蒋传正同志马不停蹄地带领各排长观察地形，熟悉出击道路，并布置警戒。政治指导员吴维盈同志又见缝插针进行临时动员，接着部队进入民房隐蔽。

为防止暴露目标，规定全连所有人员连大小便也不准出门一步，副排以上干部化妆成农民，在外站岗放哨，与此同时还采取了对外封锁消息的措施，规定村庄内外的人员只准进不准出。

当地人民群众看到新四军的到来无不拍手称快，家家户户为子弟兵腾屋子，烧开水。民兵更是精神振奋，主动积极配合部队行动，专门设了秘密警戒防止坏人破坏。一个过路商贩从我伏击部队村边走过，硬是让民兵给追了回来，为防止泄密出事，只好暂时禁止他通行。我们从各个方面加强了工作，保证战斗准备万无一失。

此时此刻正是万事俱备，只欠东风，就等待着敌人来钻我们的“口袋”了。只要刘司令一声令下，我们大显身手的时刻就到来了。可是部队足足等了一天半的时间，也不见一丝动静，这些生龙活虎的年轻战士们被关在老百姓房子里十分难受，有的急得像热锅上的蚂蚁，希望敌人早来早打完；有的以为敌情起了变化，想到外面活动活动。但是大家一想到“一切行动听指挥”是每个革命军人都必须遵守的铁的纪律时，只有耐心地等待。

痛打落水狗

28日下午3时刚过，突然外面枪声大作，大家顿时兴奋起来，坐在地铺上的一班长李金元同志猛地站起来说：“啊呀，好消息，敌人已经上钩了。”事实也是如此，在外面警戒监视敌人的同志看到指挥部的信号，向敌人开火了。

在过去的一次战斗中，曾被敌军的枪弹击穿胸部，造成伤口长期未愈合的蒋传正连长，迅速集合队伍，拔出身上的驳壳枪，对大家说：“鬼子是秋后的蚂蚱长不了，面对这次的敌人，我们一定要好好收拾他们。”随即带领全连出击。

团参谋长茆建群同志遵照团长的命令，来到三营火线指挥。枪打响后我们见到他在村外手举望远镜，面向北方观察敌情。他一见到三营政教陈本奎同志，立即下达命令：“你们动作要快，要不顾一切地消灭敌人。”陈本奎同志立即坚决执行茆参谋长的命令，督促并鼓励部队向敌军快速突击。此时九连指战员百余人，个个精神抖擞，斗志昂扬，在连长的指挥下犹如猛虎下山，以迅雷不及掩耳之势，从村庄外二百米的开阔地迅速猛跑，一口气冲到河边。举目观望，只见敌人的两条汽艇和二十几条大辎重木船横七竖八地停在我们面前左侧河心。汽艇和大船上的敌人全部离船，纷纷跳入水中，有的还在负隅顽抗，有的刚爬至岸边的淤泥地里就前进不得，后退不能。就在这一刻，九连全体指战员怀着对敌人的无比仇恨，占据着有利地形，拿着手中的步枪、轻机枪向敌人猛烈地射击，并不断投掷手榴弹。一个个日伪军成为我军实弹射击的活靶子。这一场痛打落水狗的战斗真是壮观极了！战斗英雄一排长李德生同志自己一面举枪瞄准目标射击，一面沉着指挥全排战士。他大声命令：“不要打乱枪，要沉住气，要瞄准鬼子狠狠地打。”有一位四十多岁的老战士瞄准目标，三枪打中了两个日本兵。他激动地说：“日本鬼子杀了我们这么多的中国人，这次我什么都不要，就是要向鬼子讨还血债。”

敌人遭到这一突然袭击，被打得晕头转向，不知所措。在我河南设伏部队和河北设伏部队的夹击下，日伪军插翅难飞，有腿难逃，大约一个小时光景，当面之敌就基本被我军肃清。在我们面前七横八竖地躺着若干“大日本皇军”的尸体和若干日伪军的尸体，这群“野兽”已分不清是被哪个部队击毙的了。这是我参战部队的广大指战员集体的战绩。

在这场速战速决的歼灭战中，还值得一提的是，九连在战斗中抓获了一个日本战俘。抓到日本战俘后，战士们轮流站岗放哨看守着他，他很长时间不敢抬起头来，大概他想到了日本军国主义发动这场侵华战争已快十四年，千千万万中国同胞惨遭杀害，刽子手们血债累累，罪恶滔天。此时被我军生擒活捉，以为我们不会饶恕他吧。他像斗败了的公鸡，垂头丧气地一副狼狈相。中国共产党和毛泽东主席领导的人民军队坚决执行着我军宽待俘虏的政策，对

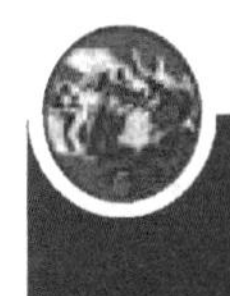

放下武器的敌人没有搜查腰包，更没有打骂。我们给他饭吃，他不肯吃。当天傍晚部队集合转移前在全体指战员的一片胜利的欢笑声中，蒋传正连长叫炊事员拿一个熟鸡蛋给他吃，他同样不吃。这个日军战俘很快就被九连送往上级领导机关去了。

空前胜利 影响深远

三垛伏击战胜利结束了，战果辉煌，共歼敌一千八百余人，其中击毙日军两百四十余名，伪军六百余名，俘虏日军山本顾问等七人，俘虏伪军少将马佑铭等九百五十八人，缴获各类武器弹药和军用物资甚多。我们作为苏中人民的儿女，十分骄傲地用自己的鲜血记录了苏中抗日史上最后一场胜利的伏击战。

胜利是空前的，影响也是深远的。这次伏击战，打击了敌人的嚣张气焰，粉碎了日伪军“蚕食扩张”的阴谋；我军又一次积累了作战经验，鼓舞了斗志，提高了战斗力。我江都独立团这个名副其实的地方部队，在三垛伏击战后不久，就上升为苏中军区主力——苏中军区教导旅第二团，遵照朱德总司令的命令，与兄弟部队一起执行了对日反攻作战的重任，继而又上升为华东野战军编制序列，驰骋于祖国大江南北，为痛歼国民党军和在以后的抗美援朝战争中打击美国侵略军，都奠定了良好的基础。

（本文选自新星网）

回忆正果阻击战

文／黄植虞

1938年，我在独立二十旅第三团二营任中校营长。独二十旅是广东部队第十二集团军辖下的一个独立旅。旅辖三个步兵团、一个炮兵营、一个特务营、一个通信连，相当于一个普通步兵师。旅长陈勉吾，是保定陆军军官学校第六期及陆军大学第十一期毕业的。参谋长陈克强是黄埔军校第七期及陆军大学第十期毕业的。第一团团长张守愚、第三团团长张琛，也是陆军大学毕业的。第二团团长陈杰夫是云南陆军讲武堂毕业的。副团长、营长、连排长等也都是军校或陆军步兵、炮兵专门学校毕业的青年军官。第十二集团军总司令余汉谋本来计划以新式武器装备独二十旅，并增编骑兵、摩托车等兵种，使独二十旅成为有新式装备和战斗力较强的部队。这一计划还未完成，抗日战争就全面爆发了。

是年10月12日，在惠阳大亚湾登陆之日军占领惠阳县城后，立即向增城进犯。17日凌晨，我旅奉令从广州出发，急行军经龙眼洞赶往增城。当日21时许经过增城县城。那时，敌已派汉奸及先头别动队潜入县城纵火，城区一片火海。我团强行通过火海，直奔正果。18日上午8时，到达该墟东面集结。我营为团的左翼营，负责墟东白面石及其右翼三〇二高地（土名黄沙凼坳、老虎石山）之线布防，构筑工事。为了便于指挥，营部指挥所设于第一线士兵后约四五十米的老虎石山处，并不断派少数兵力向前方搜索敌情，严密警戒。

中午，各连进入阵地，完成战斗准备。17时，我营前哨部队发现阵地前方一千米的山僻小路上，有敌人前卫兵，步、骑、炮联合部队紧随其后，以密集队形涌进。我营和敌人立即展开步炮和机枪的战斗。敌人突然受阻，不敢前进。黄昏后，敌我都派小部队进行威力侦察，严密对峙中。

20日凌晨5时许，敌主力向我团正面阵地大举进攻，敌机及敌炮向我营阵地狂轰滥炸，敌步兵主力轮番向我白面石及老虎石山阵地攻击。由于营阵地关

系到旅团主阵地的安危，必须坚守。我们即以轻重机枪向敌猛烈射击。激战一小时后，我营重机枪连连长卓斌阵亡（中华人民共和国成立后追认为烈士），第四连连长劳中逸、第五连连长张任君受伤，排长、班长、轻重机枪手也在敌炮轰击下伤亡很多。副营长韦贯虹利用营指挥所居高临下的有利地形，拿着轻机关枪亲自射击，敌人伤亡不少，全营官兵士气大振。敌出动担架队钩拖敌尸，也遭猛烈打击。我们凭借有利地形和工事，敌机枪和炮兵也阻止不了我们的火力。激战至上午9时，敌人伤亡较多，于是大量增援。他们利用山谷起伏，死角隐蔽，继续轮番向我营正面冲锋，多次冲入我营黄沙凼坳阵地，但在我营轻重机枪猛烈射击和第六连预备队的出击下，敌无法得逞。到11时许，我营预备队已伤亡殆尽，敌火力更加猛烈，电话线已被轰断了，传达兵来回传达也很困难，我营和团部、旅部完全失去了联络。我用望远镜向左右瞭望友军和后方团部及旅部时，已见不到战斗的队伍，只见到一些正在后撤的零星士兵，形成我营孤军困守阵地的情况。当时敌人紧迫着我营阵地攻击，而我营阵地险要，如被敌人占领了，我营便无法撤退，有全营被歼灭的危险。我决心坚守阵地，立即把全营的手榴弹集中起来，放在两个要点上，由营部传达兵黄标和张得胜两人集中使用。下午2时，敌人分五路向我阵地猛烈攻击，攻击前飞机大炮进行猛烈轰炸。黄标、张得胜两人沉着地待敌人冲到我阵地前三十米时，连续使用集束手榴弹（几个手榴弹绑在一起）攻击敌人，爆炸的一瞬间，号兵吹起冲锋号，步兵和敌人进行肉搏战。敌人冲上来，被我营歼灭，后面又冲上来，又被我营歼灭了，如此轮番冲锋，均被我方消灭，敌人的联队长（团长）也被打死了。激战至此，敌人仍不得逞。敌机使用烧夷弹焚烧山林，并趁着四面大火，又继续拼命地向我阵地冲上来。我布置在山顶第二线阵地的机枪和手榴弹，发挥了重要的作用，再一次重创敌人。在这一百多平方米的山顶阵地上，枪刀的格斗声，人们的喊杀声，手榴弹的爆炸声，伤亡敌兵的哀号声，机枪、步枪、手枪声，构成一首无比雄壮的乐曲，整个阵地硝烟弥漫，血肉横飞。我营终于击退了敌人猖狂的猛扑，敌伤亡惨重，仅在阵地上敌人拖不走的遗尸就有一百余具（据《广州百科全书》资料，打死、打伤日军一百六十四人）。黄昏前，我营仍坚守白面石、老虎石山的原阵地。这时，我们已饥肠辘辘，到了弹尽粮绝的境地了，于是决定向从化梅坑方向撤退。留下一个排，掩护全营主力撤退（全营伤亡两百余人，撤退的只有一百余人），掩护撤退的官兵大部分壮烈牺牲了，生还到梅坑的只有三名士兵。烈士们的遗体，由长期活动在正果白面石的游击队共产党人王国祥的父兄，发动群众捐资收殓，并在老虎石山顶兴建抗日阵亡烈士墓，在黄沙凼坳建抗日烈士纪念亭。

这一次战斗，拖延了日军侵犯广州的日程，使广州和增城、龙门两县人民有多一些时间撤退。后来，日本广播电台也曾广播说："皇军此次从澳头淡水登陆，进攻广州，如入无人之境，只是在增城正果附近，被蚊子咬了一口。"

（本文选自广东人民出版社《广州抗战纪实》）

彭雪枫与太原秘密联络站

文／高荣贵

1936年2月，红军东征战役的胜利从军事上和政治上给了阎锡山巨大的打击。为了推动全国抗日民族统一战线的形成，中国共产党在5月5日红军回师陕北后，发表了《停战议和一致抗日通电》。毛泽东在分析阎锡山的处境时，认为日本侵略军的气焰嚣张，对山西志在必得，蒋介石以“剿共”为名，进入山西的大军驻扎晋南不走，动摇着阎锡山的统治。而中国共产党高举抗日旗帜，是受全国爱国同胞拥护的。阎锡山此时处在“三颗鸡蛋上跳舞”的难堪境地，是“降日”还是“抗日”，是“反共”还是“联共”，何去何从，他不能不慎重考虑。

秘密联络站首设“基督教青年会”

1936年5月25日，毛泽东致信阎锡山，向其提出联合中共，抗日反蒋利于共同战线的主张，并派出红军将领彭雪枫赴太原与阎锡山秘密洽谈。

彭雪枫（乳名隆兴，学名修道）1907年9月9日出生于河南镇坪七里庄一个贫苦农民家庭。1925年6月，在北京育德中学加入了中国共产主义青年团。1926年9月，转入中国共产党。1930年5月，奉命调中国工农红军，参加了中央苏区一、二、三、四次反“围剿”作战。长征中任师长、纵队司令员，率部四渡赤水、二占遵义、飞越大渡河。在毛泽东、彭德怀指挥下参加了直罗镇战

役、红军东征，为粉碎蒋介石对陕甘苏区的“围剿”作出了贡献，是红军著名的优秀青年将领。

彭雪枫到太原后，由南汉宸陪同与阎锡山会晤，递交了毛泽东的亲笔信。阎锡山看信后，再联系到日本人和蒋介石对他构成的威胁，决计联共“守土抗日”，当然他的内心是要同时达到“用共产党的办法削弱共产党”的目的，这是后话。阎锡山当即指定其外甥、政训处主任梁化之为全权代表与彭雪枫磋商有关事宜。为避开蒋介石与日本人的耳目，阎锡山采取了极为保密措施，令梁化之与彭雪枫单线联系。后经双方商定：1. 红军在太原建立秘密机构；2. 彭雪枫与中共中央的通信联络交通由阎方签发护照，保证安全；3. 空中联络在建立电台前，先使用阎方电台。联络站办公地址确定在首义门内基督教青年会后院六号。联络站安全问题由梁化之向太原市公安局打招呼。基督教青年会属教会机构，一般不会有人骚扰，但彭雪枫还是使用化名涂秀根。中共在太原的秘密联络工作便从此开始。

西安事变中力争阎锡山配合

正当联络站根据毛泽东“促成北方统一战线”和“晋绥应放在第一位”的指示精神，在与阎锡山及其代表梁化之进行新的工作谈判之际，震惊中外的西安事变爆发了。

西安事变前，张学良和阎锡山曾进行过长时间的密商，商定在联共劝蒋抗日问题上配合行事。但事变爆发后，阎锡山却一反常态，转而先持保留态度，接着又通电反对，客观上与南京采取了一致的步调。失信的阎锡山陷张学良、杨虎城于困难境地，也给中共主张和平解决事变带来了一定的不利影响。

山西毗邻陕西，战略地位重要，中共认为争取阎锡山给以配合或保持中立，是和平解决事变的重要因素。12 月 16 日，毛泽东致电阎锡山提出应反对内战，一致抗日。12 月 20 日，毛泽东指示彭雪枫：关于西安事变的方针，中共中央 19 日通电已详述，望本此精神进行工作。12 月 22 日又通过彭雪枫再致信阎锡山：“目前宁军攻陕甚急，望我公出以有力之调停手段。”“如宁方坚持进攻而无丝毫转圜余地，则红军势难坐视。战争范围扩大，所需我公协助之处甚多。”根据毛泽东指示，彭雪枫向阎锡山转交信件时，一并转交了 12 月 15 日红军将领通电和 12 月 19 日中共中央通电。信件及通电阐述了中共和平解决西安事变的真诚愿望，给阎锡山带来了极大的影响。

阎锡山深知，如日军再次进攻晋绥和宁军攻陕，必将祸及山西。彭雪枫根据阎一贯“自保”和“存在”为主的处事方法，督促其以民族利益为重，同意中共和平解决西安事变，制止内战，逼蒋抗日的主张，或者至少保持中立。事变后阎锡山曾与南京和各地方实力派密电往来频繁，基本采取了与中共主张近似的态度，特别是未透露红军准备迎战亲日派何应钦的进攻的情况。蒋介石扣留张学良后，西安形势一触即发。彭雪枫再次转交了毛泽东致阎锡山电报，仍望阎出面斡旋，使得和平解决西安问题。阎锡山也确实出面向蒋介石表达过居中调解的意愿，但由于蒋的拒绝未能如愿。在和平解决西安事变的过程中，彭雪枫不辱使命，竭力贯彻中共中央和毛泽东争取阎锡山的方针，终于使阎锡山由反

彭雪枫

彭雪枫

对到中立，由中立转变到基本合作的立场上来，这是来之不易的。

“彭公馆”落脚新满城街三十号

秘密联络站设立电台问题，彭雪枫与阎方虽有原则协议，但在具体落实时阎方顾虑重重，迟疑不决。毛泽东12月20日的信中指示彭雪枫：“建立电台交通、吉县延长徒步交通及晋陕通商关系，务须即办，不可延缓。以后往华北交通多须通过晋境，请与阎先生妥商，得其同意。”随之又派宋绍林携带给阎锡山的亲笔信到达太原，信中表达了建立电台的急切愿望。彭雪枫虽多次交涉，但进展缓慢。1937年2月14日，彭雪枫给梁化之的信中，再次催问电台等问题阎先生做如何考虑。梁化之于19日至彭雪枫处告知阎锡山均已应允，望速办理。鉴于日本人和国民党特务活动猖獗，彭雪枫与梁化之当即商定找一处独门独院的房子。在梁化之的推荐下，选定在新满城街三十号院。这是一处大街上的小胡同，是一处很理想的僻静之地。2月23日，彭雪枫写信向毛泽东报告了这一情况，并提出制定晋绥工作纲领等建议，对选派来的工作人员的组织纪律和素质等也提出了意见。毛泽东对彭雪枫的建议非常重视，亲自接见了拟来太原联络站电台工作的罗若夏等人。对于秘密工作的纪律和统一战线中应注意的事项，都做了明确的指示。3月19日，全体电台工作人员，经过化装，由宋绍林护送到达太原，先住在山西饭店，接着迁入新满城街三十号院。为有利保密，全体工作人员组成一个家庭，对外称“彭公馆”，彭雪枫为户主，是上海一家公司的副经理，所有人员都用化名相称。3月24日，按照在延安约定的波长，伴随着“滴滴答答”的拍报声，太原与延安的电台联络终于实现了。

中共北方局迁来太原时，刘少奇、杨尚昆等一度也住在新满城街三十号联络站内。其间根据中共中央指示，彭雪枫向阎锡山提出释放王若飞的要求。王若飞曾任中共中央秘书长，中共驻共产国际代表，1931年回国。同年10月在包头被国民党政府逮捕，化名黄敬斋，1936年被押解到太原陆军监狱。起初阎锡山借口南京政府尚未释放政治犯，不肯释放王若飞。彭雪枫据理力争，指出既然国共合作，再把中共领导人当政治犯关押是不妥的。阎锡山无奈只好同意释放。1937年5月，王若飞出狱，8月22日，彭雪枫派人将其经西安护送回延安。

秘密联络站开办春和申商店

彭雪枫给毛泽东的建议中，还有一条开办商铺的设想。他认为开铺子不仅可以让担任联络、来往的人员落脚，方便印刷宣传材料，采购物资，贮存军需货品，而且弄得好了还可以赚钱供给生活费和工作费。对于人选方面需慎重考虑，不但在政治上要绝对坚定，最好在办货、联络、招待诸方面都在行，应当是政治上坚定的“生意人”。

彭雪枫开拓的工作思路，深得毛泽东的赞赏与支持。不久，商店在北肖墙大二府巷三号筹建起来，起名“春和申”。春和申商店由钱致平担任经理，彭雪枫还将福顺兴商店掌柜李洪兴等也团结在自己周围。中共中央派出了审计局审计员郭金林、雷近等人，彭雪枫为他们办好山西省护照，以陕西肤施（延安）县赈灾委员会名义赴晋西吉县、大宁、蒲县等地购粮。春和申商店工作开展活跃，陕北的石油、食盐源源不断地运来山西，山西的布匹、面粉、小米等经常运往陕北，使两地缺乏的物资得到互补，有力地促进了两地的贸易。

这段时期，彭雪枫虽经手了巨额款项，但从不乱花一分一毫，而是把钱用在革命事业上。彭雪枫还充分利用春和申商店这一有利条件，为党中央领导同志采购一些紧缺物品，如国内外的报刊书籍、食品、香烟、布匹等。像春和申这样的商店在特殊时期发挥了重要作用。

八路军驻太原办事处在成成中学挂牌

七七事变后，蒋介石有了抗战的表示。阎锡山对中共和红军也一反过去顾虑重重、若明若暗的态度。7月30日，阎对彭雪枫说："你可以用红军和中共中央代表名义公开活动了"。根据时局的发展，张闻天、毛泽东于8月1日致电刘少奇、彭雪枫，要彭雪枫准备在太原设立办事处。8月10日，毛泽东又致电彭雪枫："太原公开办事处，立即开设，你为主任。"

8月25日，中共中央发布了红军改编为国民革命军第八路军的命令。为适应八路军即将开赴抗日前线的新形势，克服工作任务十分繁重、人员大量增加的困难，联络站于8月下旬迁入太原坝陵南街八号成成中学校内（成成中学此时已迁往清源县）。成成中学校园虽大校舍也多，但入驻机构与人员过多，只好前院做联络站，后院一部分给中共北方局、山西工委办公用，一部分做招待所。学校附近的民居也一并租了下来，供红军后勤部部长兼总供给部长、政治委员叶季壮安排使用。8月30日，"国民革命军第八路军驻太原办事处"的牌子正式挂出。至此，随着第二次国共合作，与阎锡山进行的秘密联络工作，在完成它的历史使命后，宣告结束。中共在太原的联络步入了合法且公开的八路军驻太原办事处阶段，彭雪枫被中央军委任命为八路军总部参谋处处长兼驻晋办事处主任，张震任总务科长，资风任供给科长，曾三、赵品三任秘书，罗若夏任秘书兼电台台长，宋绍林任交通站站长。办事处全体工作人员脱掉便服换上了配有八路军臂章的军装，投入八路军开赴山西抗日前线的一系列紧张准备工作中。

从红军秘密联络站的建立到八路军驻太原办事处的公开，这是一段极为曲折的路程。联络站在彭雪枫的领导下，遵照中共中央和毛泽东的指示，成功地与阎锡山方面建立了合作关系，为山西抗日民族统一战线作出了重要的贡献。彭雪枫被誉为党中央的"好参谋"、八路军的"先行官"。

（本文选自中国青年网）

三位红军伤员在我家

口述／雷梅英　整理／佚　名

1935年10月18日下午，红军的一支部队，三百余人来到我们村。那时，村里只有两户人家，一户是我家，另一户姓李。我家有三口人：爷爷、丈夫和我。我丈夫给有钱人当长工，长年不在家；爷爷每天一早上山劳动，晚上才回家。红军来时，全村只有我和邻家李二婶在家。当时我只有十五岁。

最先来我家的三个战士，进门向我宣传："我们是红军，是打豪绅、斗地主的中央红军，是为穷人打天下的。"开始我听不懂他们说些什么，只听说是红军，其他什么也听不懂，便说："你们的话，我解不下（不懂）。"他们却听成我"害怕"，就反复向我解释。对于红军，我虽没见过，但早就听说他们和刘志丹一样，是为穷人打仗的，所以自己胆子也就大了，便告诉他们，自己听不懂他们说的是什么。这下他们听清楚了，特别高兴。我看到他们饿得骨瘦如柴，心里很难过，就把锅巴和炒面拿出来给他们吃。吃毕后这些战士拿出钱给我，我不要，他们硬是放下了。随后大部队来了，一个同志向我买"山药蛋"，其他同志集合成队，唱着《三大纪律八项注意》。当时，我家只有洋芋。我从窖里拾出洋芋，一连蒸了四五大锅，让他们吃。吃完后，他们又给我放下了些铜钱，还抬来一张长条饭桌（没收当地地主的）送给我。他们问我知不知道刘志丹的部队在什么地方，我说在吴起镇南面。这天晚上部队就驻扎在我们村。我们两家的炕上、地下、院子里睡满了人。晚上，我一夜没有合眼，为红军做了两条裤子，并护理着几名伤病员。

19日早饭后，红军部队就要出发，去找刘志丹的部队。走时，战士们将院子扫得干干净净，并问我们丢什么东西没有，还给我家留下一口铁锅。有三名重伤病员暂时留在我家养伤。一位是炮兵（名字记不清），湖南人，二十七八岁；一位叫邓勇富，湖南人，才十八岁；还有一位叫雷保根，四川人，二十六七岁。当天下午，我突然发现河对面过来一些国民党中央军，我立即和爷爷一起转移伤员。爷爷背起病势最重的雷保根，向村后走去。刚到坡洼底，雷保根硬要从爷爷的背上下来，说什么也不让爷爷背。爷爷只好先将他藏到附近的一个水渠里，又回家来和我一起转藏另外两名伤员。爷爷背起炮兵，我搀着伤势较轻的邓勇富。等我们把这两位战士藏好回到家时，院子里已站满了国民党中央军。我进屋里一看，惊呆了，只见一群国民党中央军正围着雷保根拷问，可他闭着双眼什么也不说。敌人嚷着要杀他，我和爷爷急了，便说："这人害的是一种瘟疫，传染得厉害，再说也活不了多久，你们就放了他吧！"敌人一听便怕得都闪开了。过后才知道，雷保根怕敌人继续搜查，连累炮兵和邓勇富，在我们走后便回到我家和敌人周旋。听他一说，我和爷爷都感动得哭了。

那晚，敌人像癞皮狗一样赖在我们村里没走。敌团长硬逼着爷爷领着他们的兵到附近村子买粮。名义上是买粮，实际是抢粮。天快黑时，我来到李二婶家，却见几个士兵正要强奸二婶，二婶正跟他们厮打着。我急了大喊："你们干什么，快把人放开！"其中一个家伙拿起一根树条照我手上就是一下，还骂我："死丫头，少管闲事。"我看不行，就说："你们不放，我就告到你们团长那里去。"那几个家伙听我这么一说，才把人放开。我上前拉起李二婶，让她别再管家，晚上就住在我家。

第二天国民党中央军还没走。中午了，我想那两名伤员一定饿坏了，便偷偷地送了一点饭给他俩。这天敌人四处横行，无所不为。他们把我家和二婶家的鸡全杀了，地里的庄稼也被骡马连吃带糟蹋毁完了。直到第三天，这些家伙才向吴起镇开去。他们当时还扬言："不灭掉红军，就不回故乡去。"我真为红军战士们担心。

过了三四天，听说国民党军被红军打败后，我才将悬着的心放下来，和爷爷一起把藏起来的那两名战士抬回来。当时缺药，只能让他们慢慢休养。爷爷对伤病员比亲生儿子还疼爱，有什么好吃的东西全给他们吃了，经常半夜将我叫起来，给伤员战士做饭、烧水。没药就采取土办法给他们治伤，一个月后，那名炮兵的病好了，于11月下旬离开我家归队去了。临走时，他流着泪对爷爷说"老大伯，多亏了你们，不然我这条性命早丢了，将来我是一定要报答你们的"，并送给爷爷一个盛洋烟的银制小方盒，作为纪念品。

炮兵走后，我们继续精心护养邓勇富和雷保根同志。后来雷保根还和我们认了家门，管爷爷叫大伯父。爷爷又将邓勇富认成义子。爷爷常和他们睡在一个炕上拉家常。我平时给他俩洗洗补补，就像一家人。

第二年5月中旬，邓勇富身体复原，要归队，我们从心底里舍不得他离开。但是我们知道他是红军战士，是留不住的。爷爷给了他三块银圆，我给他做了些干粮。临走时，我们都流泪了。邓勇富拉着我爷爷的手，哭得连话也说不出来。爷爷劝他说："勇富，你还是走吧，赶上大部队，好好干，为穷人打天下，到什么地方都有亲人哩！"邓勇富拉着爷爷的手久久舍不得放开，说："爸爸，我什么也没有，不能给你们留下什么东西作纪念，但你们相信，只要我能活着，我一定好好打敌人，报答你们的恩情。还有东梅（我的乳名）为我辛苦了，我确实不知该怎样报答你们。"就这样，邓勇富也离开了我们家。

雷保根的伤重，一直养到七八月才走。走时，我们是挥泪而别。打这以后，我们再没有听到他们的音信，估计已不在人世了，要不他们一定会写信的。

（本文选自陕西文化信息网）